coleção primeiros passos 297

Paulo Nassar
e
Rubens Figueiredo

O QUE É COMUNICAÇÃO EMPRESARIAL

1ª Edição

editora brasiliense
São Paulo - 2012

Copyright © by Paulo Nassar e Rubens Figueiredo

Nenhuma parte desta publicação pode ser gravada,
armazenada em sistemas eletrônicos, fotocopiada,
reproduzida por meios mecânicos ou outros quaisquer
sem autorização prévia da editora.

Primeira edição, 1995
15ª reimpressão, 2012

Diretora Editorial: *Maria Teresa B. de Lima*
Editor: *Max Welcman*
Produção Editorial: *Ione Franco*
Produção Gráfica: *Adriana F. B. Zerbinati*
Revisão: *Célia R. F. Menin e Maria Cristina R. da Cunha*
Capa: *Emílio Damiani*

Dados Internacionais de catalogação na Publicação (CIP)
(Câmara Brasileira do Livro, SP, Brasil)

Nassar, Paulo
    O que é comunicação empresarial / Paulo Nassar
e Rubens Figueiredo. - - São Paulo : Brasiliense,
2012. - - (Coleção Primeiros Passos ; 297)

    15ª reimpr. da 1. ed. de 1995.
    ISBN 85-11-01297-4

    1. Administração de empresas 2. Comunicação na
administração I. Figueiredo, Rubens II. Título. III. Série

06-2734
                           CDD- 658.45

Índices para catálogo sistemático:
1. Comunicação administrativa : Administração
de empresas   658.45

editora brasiliense ltda
Rua Antonio de Barros, 1839 - Tatuapé
CEP 03401-001 — São Paulo — SP
www.editorabrasiliense.com.br

SUMÁRIO

I - Quais são as notícias empresariais de hoje? 7
II - Muito além do lucro 9
III - A massa quer o luxo 20
IV - As novas palavras 30
V - Consumidores à beira de um ataque de nervos 43
VI - Quando a empresa é verde 50
VII - *Lobby* é palavrão? 62
VIII - Um caso que era de polícia 70
IX - Empresa boa, empresário ruim 76
X - Indicações para leitura 87

SUMÁRIO

QUAIS SÃO AS NOTÍCIAS EMPRESARIAIS DE HOJE?

Vamos folhear um grande jornal e procurar as notícias empresariais do dia. No primeiro caderno – o de política nacional – uma grande empresa, uma empreiteira, é a personagem principal de uma Comissão Parlamentar de Inquérito (CPI) instalada no Congresso Nacional. Deputados e senadores apresentam um organograma empresarial semelhante a uma teia de aranha que sai da sede da empresa e vai se infiltrando pelas salas de ministérios, gabinetes de políticos e, como um sinistro polvo, suga os recursos orçamentários do país.

No segundo caderno, o de esportes, que azar, uma nadadora morreu de hipotermia tentando atravessar o canal da Mancha. A sua aventura era patrocinada por uma grande empresa de cartões de crédito.

No terceiro caderno, o de economia, o principal colunista critica as montadoras de automóveis porque elas não punem os revendedores que estão comercializando carros populares com ágio.

O quarto caderno – internacional – descreve como um petroleiro carregado, maior que o *Titanic*, se fez em pedaços, poluindo o mar e as praias do Alasca.

O caderno cultural, enfim, traz boas notícias: uma grande empresa está salvando um dos maiores grupos de dança moderna do país, patrocinando as suas pesquisas e espetáculos. Em outra página, é mostrado como uma emissora de televisão educativa, mediante uma programação inteligente e criativa, está conseguindo patrocínio cultural de um conjunto de empresas.

Este livro, tal qual o jornal a que nos referimos, pretende mostrar em seus oito capítulos, com uma linguagem clara e acessível, como uma parcela representativa das empresas no Brasil está realizando a sua comunicação quando os assuntos em pauta são a construção da imagem institucional; a integração dos trabalhadores aos novos contextos competitivos; consumidores mais exigentes e conscientes dos seus direitos; questões ecológicas; governos e políticos *(lobby);* imprensa sindical; e a imagem do empresariado e das empresas.

As ações de comunicação empresarial mostradas ao longo do livro refletem apenas o fato de que, atualmente, as empresas são personagens extremamente importantes nos cenários político, econômico, cultural e social. E as suas atuações não se restringem a questões de produção e economia. E se você, agora, olhar o seu jornal de hoje, irá encontrar inúmeras empresas atuando, como personagens principais, secundárias e subliminares, em todo tipo de notícia. Vamos ver por que isso acontece.

MUITO ALÉM DO LUCRO

Você folheou o jornal e deve ter reparado que o número de artigos, reportagens e notas relacionados a empresas é algo surpreendente. Já vai longe o tempo em que elas só apareciam na mídia, em geral, para vender seus produtos mediante a linguagem dourada da propaganda. Dourada porque a linguagem da propaganda, normalmente, coloca os produtos e os consumidores no melhor dos mundos. As pessoas estão sempre sorrindo, felizes com os seus chinelos, com as suas pastas de dentes, com seus eletrodomésticos e com os seus carros. Absolutamente nada arrebenta, pára de funcionar ou quebra.

A linguagem vendedora da propaganda, em que as empresas aparecem como super-heróis de histórias em quadrinhos – sempre vencedoras, otimistas, positivas –, é, no entanto, colocada em xeque a partir do simples contato físico dos consumidores com os produtos – nas lojas, nas ruas, no uso diário. Chinelos que arrebentam, eletrodomésticos que não funcionam, carros que quebram. O cotidiano nos mostra que a linguagem da propaganda é impotente e insuficiente para tratar da totalidade das tensões criadas nas relações entre empresas, consumidores e sociedade em geral.

Esse tipo de relação não termina mais na boca de um caixa de pagamentos e na retirada da mercadoria comprada. O seu jornal diário, com certeza, reflete a problemática aí envolvida. Na mídia, as empresas estão sendo analisadas e cobradas por todos os lados. E de uma maneira nunca vista. Elas são convocadas a falar pelo consumidor, pela sociedade, ambos exigindo um posicionamento claro, competente, sobre qualquer questão que o seu processo de produção ou de geração de serviços possa vir a suscitar – ou pelo simples fato de existirem como empresa.

A sociedade quer saber cada vez mais, por exemplo, de que modo a empresa trata o meio ambiente e de onde retira as matérias-primas necessárias à sua produção. Em 1992, o Grupo Bamerindus veiculou publicidade nas principais revistas do país, onde anunciava a construção de uma moderna fábrica de papéis no Paraná, a INPACEL. Mais do que isso, procurava ressaltar à sociedade que o projeto já era lucrativo no seu nascimento, porque viabilizava a criação de "45.000 hectares de reservas plantadas e preservadas pelo homem (não há agressão às matas nativas) (...) e a inclusão no restritíssimo grupo das fábricas de papel que não poluem rios (Efluente Zero). Uma das 3 em todo o mundo". A preocupação, aqui, não era somente divulgar a produção, mas o modo como ela acontecia.

O consumidor, muitas vezes pertencente a grupos organizados, reclama porque não gostou da propaganda que a empresa apresentou na televisão. A indústria de bicicletas Monark, por exemplo, trombou de frente com os *bikers* organizados de São Paulo por apresentar um comercial de televisão em que um ciclista pedalava sem o indispensável capacete. E também protesta, através dos jornais, contra o mau atendimento. O jornal *O Estado de S. Paulo* recebeu, entre março e novembro de 1994, 726 cartas de consumidores pedindo explicações de empresas com problemas de atendimento. Já o Grupo Fenícia produziu um manual para o atendimento ao público em que recomenda aos seus funcionários: "Você deve lembrar que o cliente e o público são a força propulsora do negócio. Somente através deles os seus objetivos e os da empresa podem ser atingidos".

O Código de Defesa do Consumidor tem sido acionado para atender a questões – entre tantas outras – que envolvem propaganda enganosa, produtos sem qualidade, atrasos de entrega e problemas com a assistência técnica. Em São Paulo, as empresas públicas responsáveis pelos serviços de água, luz e telefone – Sabesp, Eletropaulo e Telesp – lideraram, em 1993, a lista de reclamações do Procon – a Ouvidoria do Consumidor.

Para aproximar mais as suas concessionárias dos clientes, outra empresa, a General Motors (GM), desenvolveu o "ABC da mecânica Chevrolet", um curso gratuito para divulgar entre os consumidores noções básicas de mecânica. A idéia do "ABC" surgiu a partir de uma pesquisa em que se constatou ser grande o número de consumidores que não usavam uma série de recursos dos veículos da GM simplesmente por não terem noções elementares de mecânica ou desconhecerem regras básicas de manutenção.

A sociedade e o mercado consumidor tornaram-se bastante hostis às "empresas analfabetas", que não aprenderam a escrever, ouvir, falar, se expressar e principalmente dialogar no ambiente onde atuam. E hostilidade, no caso, significa boicotar produtos, dificultar a operação da empresa, tornando-a, de alguma forma, *persona non grata*.

Como se pode ver, a linguagem da propaganda é apenas uma parte da comunicação atual das empresas. A comunicação empresarial se utiliza de muitas linguagens, que não têm necessariamente como objetivo imediato o processo de vendas. Mas que não deixam, por isso, de ser ferramentas fundamentais no marketing da empresa. Dentre essas linguagens estão a das relações públicas, a de imprensa e a de atendimento direto ao consumidor. As ações dessas áreas de comunicação empresarial, se não são diretamente mensuráveis num balanço contábil, podem significar, no mínimo, a simpatia da sociedade, a fidelidade dos consumidores, um bom relacionamento com trabalhadores, governos e sindicatos.

O poder da propaganda sobre as outras linguagens de comunicação é herança, ainda, de um ambiente empresarial sem concorrência entre as empresas e sem muitas opções para o consumidor. O consumidor só tinha no mercado – até mundial – uma marca de carro, de geladeira, de telefone. Era pegar ou largar. No ambiente empresarial de hoje, onde a concorrência é brutal e o consumidor se impõe de uma forma nunca vista, as linguagens de comunicação que interagem com a sociedade e com os públicos de interesse da empresa se tornam fundamentais no *mix* (composição) de comunicação empresarial.

A comunicação da empresa com a sociedade, com o consumidor, com os seus trabalhadores, com autoridades e governos virou parte da fórmula de cada um dos seus produtos. A sociedade – principalmente os "formadores de opinião" – olha o metrô moderno que atravessa a cidade e adiciona à obra em si o fato de que teve o preço final superfaturado. Os consumidores, cada vez mais, querem adicionados aos seus produtos preferidos qualidade e respeito à camada de ozônio; melhores preços e materiais biodegradáveis; assistência técnica e respeito aos direitos trabalhistas.

Os olhos da sociedade e dos consumidores querem ver o que move a empresa além do lucro. As linguagens da propaganda, relações públicas, jornalismo, atendimento ao consumidor, *lobby,* agindo de forma conjunta e integrada, devem mostrar a personalidade da empresa para o social em todas as suas ações. A Rhodia, em 1985, por intermédio da sua Gerência de Comunicação, comandada na época por Walter Nori, criou um Plano de Comunicação Social que veio revolucionar a forma como se pensava a comunicação empresarial.

Pela primeira vez, a comunicação empresarial foi concebida como a somatória das ações – sempre integradas – das várias áreas de comunicação da empresa, definindo as suas tarefas "no apoio às estratégias mercadológicas e na condução dos projetos institucionais...". O Plano da

Rhodia integrava a comunicação empresarial no processo de transformações que se dava na sociedade (o país entrava no período que se denominou Nova República), fazendo-a participar das mudanças que estavam ocorrendo.

O histórico plano de comunicação empresarial da Rhodia refletia e adequava aquela empresa ao novo ambiente social e empresarial que o Brasil começava a viver. A sociedade brasileira acabava de sair dos anos de governo militar, a imprensa ficava mais livre, as organizações não-governamentais (ONGs) pipocavam por todo lado. Segundo o seu Plano, a Rhodia passava a "adotar uma postura de portas abertas, receptiva ao debate, por considerar o risco de omissão mais grave do que o representado pela defesa de pontos de vista. Afinal, temos o orgulho do que estamos construindo e não há por que esconder o que fazemos. Abandona-se, pois, uma posição de acomodação ou reserva à nossa imagem pública".

Um aspecto do surgimento do Plano de Comunicação da Rhodia a ser ressaltado é a preocupação daquela empresa em ordenar a comunicação empresarial. A partir dali, não existem mais ações isoladas de comunicação. Tudo segue o posicionamento estratégico e mercadológico da empresa. O Plano arrebenta com as ilhas internas de informação – guetos – e transforma a comunicação no instrumento – interface – entre todos os públicos de interesse da empresa.

A necessidade de estar sempre sintonizada com o ambiente empresarial e social fez, por exemplo, a 3M brasileira, em 1994 – o ano da Comissão Parlamentar de Inquérito do Orçamento e da maior eleição direta da história brasileira –, incluir a ética nos negócios na pauta de atividades do treinamento dos seus funcionários.

A 3M publicou uma cartilha sobre a ética no ambiente de trabalho dirigida a todos os seus trabalhadores. Um trecho da publicação dá a receita sobre o que pode ser antiético: "Nem sempre é fácil identificar quem se beneficia com atitudes antiéticas: pode ser um indivíduo, uma companhia ou um cliente, por exemplo. Existem muitos motivos que podem levar alguém a uma atitude antiética: ganância, medo de perder o emprego no caso de tentar atingir metas de trabalho a todo o custo, medo de ser rejeitado pelos colegas... Se você não estiver seguro se uma atitude sua pode ser considerada antiética ou não, pergunte a si mesmo: 1) Eu gostaria que a minha família soubesse disso? 2) Como eu me sentiria se esta atitude aparecesse impressa em um jornal? 3) Como a alta gerência da 3M veria esta atitude?".

A comunicação empresarial muito além do lucro é exemplificada por centenas de iniciativas empresariais. O Prêmio ECO, instituído pela Câmara Americana de Comércio, em 1982, é uma grande vitrine de projetos desenvolvidos e patrocinados por empresas voltados para o desenvolvimento social. Nessa vitrine, um dos destaques é o projeto Ciranda da Ciência, patrocinado pela Hoechst em parceria com a Fundação Roberto Marinho.

O Ciranda da Ciência, implantado em junho de 1986, tem como público-alvo milhares de alunos da quinta à oitava série do primeiro grau, além de professores de ciências de todo o país. O seu objetivo principal é a conscientização do jovem pesquisador sobre si mesmo e sobre a realidade que o cerca. São criadas para isso condições materiais, mediante o fornecimento de *kit* científico – microscópios, lâminas, reagentes, manual de instrução, fichários para a roteirização de experiências, guia para professores –, e, também, é estimulada a criação de clubes de ciência nas escolas e comunidades.

Por meio das experiências científicas propostas pelo projeto, são passados conceitos importantes para a prevenção de doenças e preservação do meio ambiente. Até 1995, o projeto Ciranda da Ciência já tinha envolvido mais de quatro milhões de estudantes e beneficiado mais de oito mil escolas da rede oficial de ensino de todo o Brasil com a doação de material científico, suporte didático e assessoramento de professores.

Outro exemplo da ação de comunicação empresarial que faz a integração entre a empresa e a sociedade é o Prêmio Moinho Santista, criado em 1955, em comemoração ao qüinquagésimo aniversário da Moinho Santista. O Prêmio Moinho Santista concede anualmente prêmios em dinheiro àquelas pessoas que, por suas obras, se destacaram no universo das Ciências, Letras ou Artes. Personalidades como Jorge Amado (1984 – Literatura), Oscar Niemeyer (1985 – Arquitetura), Fernando Azevedo (1971 – Ciências Sociais), Carlos Chagas Filho (1960 – Biologia e Fisiologia) e César Lattes (1975 – Física) são apenas alguns exemplos entre as dezenas de laureados.

"O Prêmio Moinho Santista é uma iniciativa de comunicação institucional que procura, através do seu ritual de premiação, da sua história de quarenta anos e da qualidade do seu júri, chamar a atenção da sociedade brasileira para a vida e obra de personalidades que estão fazendo a história das artes e das ciências brasileiras", afirma Renato Gasparetto Jr., um dos responsáveis pela comunicação empresarial do Grupo Moinho Santista. A partir de 1980 foi criado o Prêmio Moinho Santista Juventude, que tem as mesmas características do anterior. É, contudo, destinado a jovens de até 35 anos de idade. Entre os premiados da versão Juventude estão Marcelo Rubens Paiva (1984 – Literatura) e Débora Bloch (1991 – Intérprete de Teatro).

Na Bahia, a maior empresa do Pólo Petroquímico de Camaçari, a Companhia Petroquímica do Nordeste (Copene), criou o Prêmio Caymmi com o objetivo de contribuir, com a gravação de discos e a promoção de *shows* de músicos baianos radicados na Bahia, para o desenvolvimento musical da região. Outra empresa baiana, a Construtora Norberto Odebrecht, em 1994 entrou com o seu *know-how* no projeto de restauração de um dos mais importantes monumentos históricos de Salvador, o Mosteiro de São Bento, cuja construção data do início do século XVII.

Às vezes, o próprio caráter não lucrativo do investimento já vale. Um anúncio da General Motors do Brasil (GM) referindo-se a um projeto de preservação da Mata Atlântica dizia: "A GENERAL MOTORS ESTÁ INVESTINDO NESTA REGIÃO PARA CONSTRUIR ABSOLUTAMENTE NADA". Com certeza, você já está em condições de ver que não é bem assim: a GM, juntamente com uma infinidade de empresas, está investindo na construção de imagens empresariais confiáveis.

A comunicação empresarial não pode ser considerada apenas uma definição de dicionário. Ou seja, simplesmente como "um conjunto de métodos e técnicas de comunicação dentro da empresa dirigida ao público interno (funcionários) e ao público externo (clientes, fornecedores, consumidores etc.)". Até porque definições como essas precisam ser sempre revistas em função das mudanças da sociedade e do ambiente empresarial.

E o ambiente empresarial está mais do que nunca sujeito a chuvas e trovoadas. Isso quer dizer concorrência mais acirrada do que nunca em todas as frentes de negócios. O trabalho bem-sucedido de ontem é questionado por dezenas de novas abordagens e experiências. O consumidor já influi diretamente nos processos internos da empresa. O que era interno, privado à empresa, é escancarado e se transforma em valor adicionado ao produto final. Em São Paulo, os restaurantes estão obrigados por lei a abrir suas cozinhas para a visitação dos clientes. Os trabalhadores e fornecedores se transformaram nos grandes parceiros da empresa. Inovação é a palavra mágica para se suavizar o impacto explosivo das mudanças tecnológicas e empresariais.

Se os tempos são outros, os papéis para quem faz a comunicação empresarial também mudaram. O Plano de Comunicação da Rhodia, em 1985, já reivindicava essas mudanças: "(...) o Assessor de Relações Públicas deixa de ser um promotor de festas; o Assessor de Imprensa não pode se limitar a redigir e remeter *releases;* e os especialistas em serviços mercadológicos (publicidade, pesquisa de mercado e contatos com o consumidor) devem abandonar os seus guetos limitados aos grupos de produtos com que trabalham para integrar-se aos objetivos globais da organização".

Nenen Prancha, criatura imortal citada pelo jornalista João Saldanha, dizia que o pênalti é tão importante que deveria ser batido pelo presidente do clube. A comparação é válida: a comunicação empresarial é, hoje, tão fundamental que deveria envolver diretamente os presidentes das empresas. Isso porque comunicação empresarial é a somatória de todas as atividades de comunicação da empresa. Elaborada de forma multidisciplinar – a partir de métodos e técnicas de relações públicas, jornalismo, *lobby*, propaganda, promoções, pesquisa e marketing – e direcionada à sociedade, formadores de opinião, consumidores e colaboradores (trabalhadores, fornecedores e parceiros). Elaboração esta que tem sempre como referência básica o planejamento estratégico da empresa.

A MASSA QUER O LUXO

Num contexto de grande competitividade entre as empresas e de uma cobrança cada vez maior por parte dos consumidores e da sociedade, a comunicação com os mais diversos públicos se torna indispensável para o sucesso. A comunicação empresarial é uma verdadeira guerra com muitas frentes de batalha: a frente de batalha voltada para mostrar que a empresa tem uma relação de respeito com a natureza, visando sobretudo a sua preservação (se você quiser, pode chamar de frente de batalha ecológica); a frente de batalha para manter e conquistar novos consumidores; a frente de batalha da comunicação interna, dirigida para os imensos exércitos de trabalhadores engravatados e de uniformes que constituem os recursos humanos das empresas modernas; a frente de batalha das complicadas relações da empresa com os governos e os políticos, ou seja, o *lobby* em-

*pres*arial. E a grande frente de batalha da propaganda e da promoção de produtos.

Nessa guerra de comunicação, espalhada em tantas frentes de batalha, as empresas vão construindo as suas imagens institucionais. Ou seja, aquela imagem que é a soma de todas as outras imagens da empresa. A somatória final, por exemplo, da imagem dos produtos da empresa (sua qualidade, seu preço, sua durabilidade etc.) mais a imagem da relação da empresa com o consumidor. Isso acrescentado a outros tantos aspectos simbólicos que a comunicação e as ações das empresas (que viram notícias ou não) vão passando aos mais diversos públicos ao longo da história de cada uma dessas organizações.

Você pode dizer que as comunicações empresariais nas diferentes frentes de batalha vão adicionando, ao mesmo tempo que passam mensagens específicas, os princípios e os valores que cada uma daquelas empresas construíram por anos a fio. Pelo menos, essa deve ser uma das preocupações básicas dos responsáveis pela comunicação da empresa.

A imagem institucional de uma empresa é um ser vivo, dinâmico. Hoje, pode estar saudável, bem vista, aceita, festejada.

Amanhã? Vai depender da história de hoje. Um bom exemplo disso, no Brasil, são as empresas empreiteiras. Por muito tempo, a simples citação da palavra empreiteira trazia principalmente na cabeça dos formadores de opinião associações simbólicas corrosivas a qualquer imagem que se preze. Esse setor empresarial, independentemente da sua competência tecnológica, da sua importância social e econômica como gerador de progresso e de milhões de empregos, foi derrotado, de forma humilhante, na sua frente de batalha de comunicação, que envolvia as relações governamentais e a atividade de *lobby*.

Esse violento desgaste institucional fez a empreiteira Norberto Odebrecht sair da defensiva e produzir uma grande campanha institucional, veiculada em toda a mídia nacional, um pouco antes das eleições presidenciais e governamentais de 1994. A campanha, nas revistas, trazia textos dirigidos aos eleitores que diziam: "As próximas eleições serão disputadas por dois tipos de políticos. Aqueles que têm um projeto para melhorar a educação no Brasil e aqueles que serão derrotados". Ou ainda: "Quando terminar o mandato dos próximos políticos eleitos, o Brasil terá gasto 10 bilhões de dólares com alunos repetentes. Adivinhe quem vai pagar a conta". O texto dos anúncios sempre descrevia a triste realidade educacional brasileira, pedindo o voto consciente do eleitor. Os anúncios, assinados pela Odebrecht e pelo Unicef, sempre terminavam com a frase "Só a escola corrige o Brasil".

Outros motivos, também, levaram à promoção de históricas campanhas institucionais. Em 1936, a Tampax Incorporated patrocinou, nos Estados Unidos, uma grande campanha educacional sobre a menstruação e a biologia humana em geral. Em 1964, os Diários Associados, de Assis Chateaubriand, patrocinaram a Campanha Ouro Para o Bem do Brasil, que arrecadou centenas de quilos de ouro para o governo dos militares. O Bamerindus veicula atualmente, antes do principal telejornal brasileiro, todos os sábados, o programa institucional *Gente que faz,* no qual enaltece, mediante exemplos concretos, o espírito empreendedor dos brasileiros. A Associação Brasileira da Indústria de Brinquedos (Abrinq) criou a Fundação Abrinq pelos Direitos da Criança, destinada a carrear apoios e recursos para prestar auxílio à criança brasileira carente.

Existem outros exemplos. Em 1994, a Companhia Brasileira de Metalurgia e Mineração patrocinou o livro *10 medidas básicas para a infância brasileira,* que sugere formas de se implantar o Estatuto da Criança. Ainda nesse mesmo ano, centenas de empresas entraram com seus corações, mentes e bolsos na campanha contra a fome comandada pelo sociólogo Herbert de Souza, o Betinho. Em São Paulo, a *Folha de S. Paulo,* juntamente com as empresas Arisco, American Express e Pão de Açúcar, encartou, numa de suas edições, um saco para a doação de alimentos destinados à Campanha Ação da Cidadania Contra a Fome, a Miséria e Pela Vida.

Você já está notando que, na construção da mãe de todas as imagens – a imagem institucional –, as empresas precisam manter uma comunicação competente em todas as suas frentes de batalha. De nada adianta uma excelente propaganda, realizada pelos mais brilhantes gurus do mercado publicitário, se o lado cidadão, ético da empresa vai muito mal. Ou ainda, para reforçar o exemplo, se os produtos estão mal das pernas e os consumidores insatisfeitos com o atendimento, com a assistência técnica.

A empresa proprietária do *Titanic* alcançou um tremendo sucesso em sua propaganda: o navio partiu da Europa para Nova York superlotado. Um êxito extraordinário em vendas. No entanto, no que se refere à qualidade de produto, esta empresa fracassou ao construir seu navio com chapas metálicas de pouca resistência. Naufragando, com isso, o navio e a sua imagem institucional. Você viajaria num navio pertencente à empresa dona do *Titanic?*

Por essas e outras é que o serviço de comunicação das empresas não é coisa para amadores. Com a melhor das boas intenções, alguém pode estar construindo um novo *Titanic.* Uma boa comunicação empresarial é condição primária para uma boa imagem institucional da empresa. E é nessa empreitada que estão envolvidos um exército profissional de relações-públicas, pesquisadores, jornalistas, publicitários e marqueteiros. São eles que criam e produzem as armas e as munições de que as empresas necessitam em suas frentes de batalha da comunicação empresarial. O que cada um faz?

Os relações-públicas (rps), por exemplo, trabalham o relacionamento da empresa com os seus mais diferentes públicos. Isso em qualquer uma das frentes de batalha. Nesses públicos estão englobados os funcionários, os clientes, entidades, instituições privadas ou governamentais. Cada empresa, seguindo as suas razões estratégicas, vai jogar o peso do trabalho dos seus rps em áreas que, de acordo com suas necessidades, julga serem as mais importantes.

A 3M do Brasil, num determinado momento de sua história empresarial, voltou, com mais força, o trabalho de seus rps para o público interno. Eles tinham, por exemplo, a tarefa de integrar os funcionários ao ambiente de trabalho. A rede de supermercados Pão de Açúcar, sob a batuta de Ana Maria Diniz, como naqueles filmes de bangue-bangue, colou nas paredes de suas 231 lojas a foto de Vera Giangrande, a *ombudsman* do Pão de Açúcar, que tem a função de ouvir as reclamações e sugestões dos consumidores da empresa. A 3M, no seu manual de comunicação, ainda detalha os objetivos de sua área de relações públicas com o público externo, recomendando que, quando se instala em uma cidade, uma de suas preocupações é fazer uma política de boa vizinhança à *moda mineira*. Como assim? Participando da vida da comunidade, promovendo e apoiando com donativos e realizando campanhas sociais de interesse local, além de atender e coordenar as visitas à companhia. Como se vê, a atuação do relações-públicas empresarial está longe daquela imagem estereotipada de *promoteur* de festinhas ou arremessador de buquês de flores, que lhe é atribuída.

Os jornalistas, na maioria das vezes, se aglutinam nas empresas nos setores de Assessoria de Imprensa, que têm a função de informar os mais diversos públicos (interno e externo) sobre os acontecimentos da empresa. O setor de imprensa atua como um fornecedor de serviços de comunicação para inúmeras áreas da empresa. Por exemplo, os relações-públicas podem solicitar ao pessoal de imprensa, para um dos seus eventos, uma publicação especial direcionada aos seus públicos de interesse. Ou ainda, um *press-release* – texto conciso com informações – para informar e até pautar os grandes jornais, rádios, televisões e publicações especializadas sobre algum assunto específico. O setor de imprensa é o responsável pelas publicações dirigidas ao público externo (jornais, revistas, TVs etc.) e ao público interno (jornais internos, boletins, videojornal).

Outra importante atividade dessa área é preparar os responsáveis pela empresa para se relacionarem de forma competente com a imprensa. Esse treinamento recebe o nome de *midiatraining*. Isso porque os jornalistas, com seus gravadores, blocos de anotações, microfones e câmeras de televisão – apesar de assustadores – são um excelente meio para a empresa transmitir as suas mensagens. Porém, quando os trabalhadores não são preparados para isso, a empresa pode chegar a perder excelentes espaços gratuitos na mídia.

E ainda pode acontecer o pior: o vazamento de informações confidenciais relacionadas a preços, posições no mercado e lucros. O Plano de Comunicação da Rhodia advertia: "A comunicação requer agilidade e rapidez para se evitar na imprensa a tão prejudicial expressão: 'A empresa se recusou a falar sobre o assunto'". Para isso, a Rhodia tem uma Coordenadoria de Imprensa responsável por todos os contatos com a imprensa, que recebe, avalia e encaminha os pedidos de entrevistas.

Os publicitários também pertencem ao exército da comunicação empresarial, normalmente formado por fornecedores externos especiais que são as agências de propaganda. Eles têm a função de criar e produzir as grandes campanhas comerciais de produtos. É o lado vendedor da empresa, que se utiliza, para falar com os seus milhões de consumidores e com a sociedade, das mídias de massa tradicionais: as redes de rádio e televisão, os grandes jornais e as revistas nacionais (no momento, em especial, *Veja* e *Isto É)*.

As empresas que precisam, de forma rápida e instantânea, lançar, anunciar, distribuir e vender, aos milhões, os seus produtos – feitos aos milhões – são obrigadas a transmitir suas mensagens de vendas por meio de veículos de comunicação de grande cobertura – que atingem o país inteiro ou grandes regiões.

O público a ser atingido por esses veículos se caracteriza sempre por ser relativamente grande, heterogêneo e anônimo. Os publicitários especialistas na utilização dessas mídias se munem de pesquisas em que analisam, inclusive, as próprias peças publicitárias a serem veiculadas, para determinar os jornais, as revistas, as emissoras de rádio e televisão que sejam mais eficientes para os seus objetivos. Os dados com o perfil dos veículos de comunicação determinam também os programas e os horários mais adequados para se atingir com competência os consumidores.

As empresas também têm, mediante a criação de manuais, procurado orientar as suas agências de propaganda para que estas, em suas criações e produções, não firam os princípios morais, éticos, políticos e religiosos dos consumidores. Não faz sentido a publicidade de um produto contrariar a filosofia da empresa.

A comunicação das empresas com os seus públicos internos, apesar de direcionada a universos infinitamente menores do que os de uma campanha de massa, tem todas as características de comunicação de massa. Os jornais, revistas, videojornais e boletins voltados para o público interno, em muitos casos, têm como alvo milhares de trabalhadores. Esses grandes públicos internos das empresas caracterizam um aglomerado que só pode ser atingido por uma comunicação interna de massa. A Autolatina, por exemplo, empresa que reunia a Ford e a Volkswagen, com aproximadamente 46 mil funcionários, descobriu, em 1994, que 17 mil deles eram fumantes. A partir desse dado, preocupada com a saúde dos trabalhadores, desencadeou uma campanha antifumo. A Autolatina investiu 350 mil dólares em palestras, programas de recuperação e campanhas publicitárias.

Essa comunicação interna de massa revela uma faceta interessante que não pode ser desprezada pelos comunicadores empresariais e pelos dirigentes das empresas: o público das fábricas ou dos escritórios das empresas é hostil às formas artesanais de comunicação. A massa quer o luxo na sua comunicação interna. Isso porque o público interno confronta, o tempo todo, os padrões de criação e produção das mídias internas de massa com os das mídias externas tradicionais. Assim, seguir os padrões de criação e produção das mídias externas de massa é condição básica para assegurar a eficiência e a credibilidade da comunicação empresarial para o público interno.

O que se quer dizer é que os públicos internos rejeitam, por exemplo, os quadros de avisos sem programação visual, o jornal de empresa feito amadoristicamente, o vídeo empresarial sem edição profissional e sem o *glamour* e o dinamismo dos recursos eletrônicos. A qualidade editorial e industrial dos veículos de comunicação empresarial pode ser verificada, anualmente, nos trabalhos inscritos, pelas empresas, no Prêmio Aberje Brasil de Comunicação Empresarial. Desde 1974, quando foi criado pela Associação Brasileira de Comunicação Empresarial (Aberje), esse prêmio se tornou a grande vitrine desse tipo de comunicação.

Outra necessidade que a comunicação empresarial com os seus grandes públicos internos acaba impondo é medir, de forma científica, a eficiência e a credibilidade, entre outros aspectos, dos veículos de comunicação de massa internos. As *enquêtes* artesanais não conseguem trazer informações que revelem com exatidão o grau de satisfação dos leitores (por tipo de trabalhador, sexo, idade, estado civil, posição na empresa, tempo de serviço) e que possam levar ao reforço ou a mudanças de estratégias, conteúdos, formatos, periodicidade, entre outros. O jornal *Espalhafato,* dirigido aos quase 40 mil bancários do Bamerindus, é sondado em sua eficiência por pesquisa mensal feita com funcionários de suas agências e departamentos espalhados por mais de 3 mil pontos em todo o país. Glaci Gottardello, gerente de jornalismo responsável pelas publicações do Bamerindus, diz que "checar a qualidade das informações que estão sendo veiculadas aos funcionários é um dos pontos básicos de qualquer política empresarial voltada para a melhoria do desempenho. Esse *check* nós fazemos em todas as nossas publicações internas e externas, através de pesquisas quantitativas e qualitativas".

AS NOVAS PALAVRAS

Há certas batalhas que podem decidir o resultado de uma guerra. A comunicação das empresas, dirigida aos imensos exércitos internos de trabalhadores engravatados ou de uniformes, possui essa característica. Pois é nessa frente que estão as questões que envolvem o desempenho competitivo da empresa e a sua preparação para as constantes mudanças no ambiente empresarial.

Observe estas palavras e expressões (muitas outras poderiam ser adicionadas): *Benchmarketing,* reengenharia, ISO, unidades estratégicas de negócios, alianças estratégicas, qualidade total, círculos de qualidade, *just in time, kan-ban.* Com *certeza* essas palavras não estão, por enquanto, nos dicionários convencionais. No entanto, para milhares de empresas, é uma questão vital que elas sejam decifradas e entendidas por seus trabalhadores de todos os níveis.

São palavras e expressões que representam novas abordagens e processos de trabalho que vêm para substituir práticas, máquinas e milhares de trabalhadores dentro das fábricas. São palavras e expressões que, para serem compreendidas, aceitas e transformadas em atividades dentro das linhas de produção, escritórios, pontos de venda e de atendimento, representam um monumental esforço de comunicação empresarial interna.

Um bom exemplo em que a comunicação empresarial interna se mostra uma ferramenta fundamental é a conquista do certificado da International Organization for Standardization, simplesmente conhecida pela sigla ISO. A ISO é uma organização com sede na Suíça e que reúne noventa países, numa espécie de clube mundial da qualidade industrial. A ISO criou, em 1987, uma série de normas relacionadas com os sistemas de gerenciamento da produção e de atendimento às exigências do cliente. Trocando em miúdos: normas que gerenciam a qualidade nas empresas.

Quando uma empresa é detentora de um certificado ISO – os mais conhecidos são os da série 9000 –, significa que ela aplica internamente, com sucesso, o conjunto de regras da ISO que previne e minimiza a saída da linha de produção de produtos com defeitos. Numa concorrência internacional, ter um certificado ISO é uma das garantias de se ter produtos de qualidade reconhecida mundialmente. Não tê-lo significa ser desqualificado, não ter acesso às inúmeras oportunidades oferecidas pela globalização da economia. O Brasil, em 1994, estava entre os dez países com maior número de empresas com certificados ISO, com um pouco mais de 450 certificações. A Inglaterra, a primeira deste *ranking,* tinha 30.500 certificados.

O desafio dos padrões ISO e de inúmeros programas que melhoram a competitividade passa pela integração, pelo envolvimento e pela motivação dos trabalhadores com os objetivos da empresa. A divulgação das informações que levem a esse estado de espírito de participação só é possível por intermédio das inúmeras mídias internas: vídeos, jornais, revistas, alto-falantes internos, painéis eletrônicos, folhetos, *displays,* jornais-murais etc. Além das formas de comunicação direta, tais como reuniões, peças de teatro participativas, entre outras.

Um marco histórico na comunicação empresarial interna dirigida para as massas de trabalhadores foi o Canal 3M. Um dos primeiros jornais eletrônicos de empresa videojornal –, ele foi apresentado pela primeira vez em março de 1986. O número zero do videojornal foi mostrado aos 2 mil trabalhadores da fábrica situada em Sumaré, região de Campinas. A partir do décimo número, o Canal 3M já era apresentado nas fábricas de Ribeirão Preto e Itapetininga e em dez sedes regionais de vendas, passando a atingir, mensalmente, 3.300 dos 3.800 funcionários da companhia.

Os responsáveis pelo conceito editorial do Canal 3M, os jornalistas Alcides L. Acosta e Monica Cotrim, procuravam, nos dez minutos do videojornal, pautar de seis a oito matérias sobre assuntos relacionados direta ou indiretamente com a empresa. Normalmente, cada número vinha com reportagens sobre segurança no trabalho, esportes, relações com a comunidade, vendas e a opinião dos trabalhadores sobre um tema da atualidade (Aids, Qualidade etc.). O formato do Canal 3M privilegiava a participação dos trabalhadores da empresa na sua produção. A apresentação era feita por uma dupla de participantes (vindos de diferentes áreas da empresa), que se renovava a cada número. As reportagens eram também conduzidas por "gente da casa".

Um sistema muito simples resolvia o problema da veiculação nas fábricas. Um carrinho levando os aparelhos de videocassete e televisor circulava pelos diversos prédios da empresa, de acordo com um cronograma preestabelecido. E a apresentação de cada novo número se dava durante os horários de almoço e de café. Uma videoteca foi criada para emprestar os videojornais para os trabalhadores assistirem em casa com as suas famílias.

O Canal 3M era avaliado permanentemente pelos trabalhadores. Nas apresentações, os trabalhadores recebiam um folheto contendo um resumo das reportagens do mês e respondiam a uma pesquisa de opinião, onde avaliavam o conteúdo das reportagens, expressavam o grau de interesse despertado e a qualidade global do programa. O folheto trazia, também, o espaço "SEU RECADO", onde os trabalhadores davam sugestões de reportagens, apresentadores, entre outras. A avaliação permanente possibilitou a melhoria da qualidade técnica do programa, analisar acertos e desacertos da pauta, compreender as expectativas do público-alvo, aferir a aceitação do formato do programa, avaliar preferências sobre o tom das matérias (humor ou seriedade), verificar preferências quanto à profundidade dos temas abordados.

A utilização do jornalismo eletrônico pela comunicação empresarial sofreu uma verdadeira explosão na segunda metade dos anos 80. Com um padrão editorial e de produção que, em muitos casos, lembra a experiência do Canal 3M, empresas como a Telebahia, IBM, Embraer, Imprensa Oficial do Estado (Imesp), Companhia Paulista de Força e Luz (CPFL), Dow, TRW, Caterpillar, Avon, Brastemp, Chesf, Glasurit, Basf, Metal Leve e Bamerindus começaram a se utilizar da força da videocomunicação. Nesses primeiros videojornais de empresa, procurava-se uma "economia da palavra oficial". A participação de diretores e presidentes era extremamente restringida, ficando intencionalmente confinada aos momentos especiais da empresa. "Pudemos sentir, nos cinco primeiros meses do Canal 3M, que o que mais dá ibope é quando o operário é a estrela principal; e, quanto mais gente de fábrica puder aparecer, melhor é o *feedback*", dizia Alcides L. Acosta, responsável, na época, pela Comunicação Social da 3M do Brasil.

O Grupo Pão de Açúcar, no final de 1993, optou também pelo videojornal para integrar e motivar os seus trabalhadores nas suas novas metas de atendimento ao cliente. Como no caso do Canal 3M, os trabalhadores do Pão de Açúcar avaliam o seu videojornal por meio de uma pesquisa simples. Já a TV1, produtora paulista, realiza um videojornal para a Martins, uma atacadista de Uberlândia, que tem como alvo um público específico dentro da empresa: os seus gerentes de vendas.

Por inúmeras necessidades, as empresas – como no exemplo da Martins – selecionam públicos dentro do seu público Interno. Essa segmentação Interna e publico vai abrir a possibilidade de a empresa optar por uma série de mídias internas de comunicação. As opções passam, por exemplo, pelas formas eletrônicas (vídeos, videojornais, disquetes...) e pelos folhetos e jornais. A definição vai se dar pelo cálculo da relação custo/benefício. O custo da equação é o fator da relação que poderá ser conseguido junto ao mercado de fornecedores (gráficas, produtoras, redatores etc.). Já o fator benefício não tem uma mensuração simples, porque ele é uma conseqüência, muitas vezes, dos objetivos estratégicos da empresa.

A comunicação empresarial da Goodyear do Brasil, com certeza, viu que os benefícios para a imagem institucional da empresa seriam enormes quando ampliou, em dezenas de vezes, o público de uma publicação interna. Em maio de 1988, imprimiu 500 mil exemplares da sua publicação para os funcionários, o jornal *Clã*. A edição especial de seu tablóide, com dezesseis páginas em quatro cores, trazia informações preciosas sobre" a Aids. O *Clã* foi distribuído aos funcionários da Goodyear e, nacionalmente, para escolas, secretarias de saúde, assessorias de comunicação e outros públicos formadores de opinião.

O *Clã* mostrava, mediante linguagem jornalística direta e inteligente, que a Aids é uma doença que ameaça todas as pessoas. Isso numa época em que a maioria da população ainda achava que a Aids era uma ameaça que só afetava os chamados "grupos de risco" – homossexuais, hemofílicos e usuários de drogas injetáveis. O *Clã* trazia, ainda, as opiniões do Estado e da Igreja Católica sobre a Aids. O uso correto das camisinhas, para prevenir a doença, era detalhado por ilustrações simples e claras. No editorial, o *Clã* dizia que, "ao produzir este jornal para toda a comunidade à qual serve há quase meio século, a Goodyear acredita estar retribuindo o que dela recebe e dando a sua contribuição para que os brasileiros possam preservar o que têm de mais valioso: o seu sangue, suas famílias, suas vidas".

O programa de comunicação 3M x Aids também rompeu os muros da empresa e envolveu, em 1986 e 1987, as cidades de Campinas e Sumaré. Segundo a coordenadora de relações publicas da 3M, Maria do Carmo S. Floret, uma pesquisa revelou que 90% dos trabalhadores da 3M moravam nessas cidades. Essa concentração levou a empresa a adicionar à sua campanha de comunicação interna de prevenção à Aids a afixação, em pontos estratégicos das duas cidades, de cartazes e mini-*outdoors*. O 3M x Aids, voltado para todos os trabalhadores das quatro fábricas da empresa (Sumaré, Ribeirão Preto, Itapetininga e Manaus) e das suas sedes regionais de vendas e filiais de vendas, contou com os mais diversos veículos de comunicação interna, tais como palestras informativas, cartilhas, cartazes, jornal interno, videojornal e o vídeo "3M x Aids".

A 3M procurou fixar as mensagens do programa de comunicação mediante sucessivas veiculações em suas mídias internas. O *Megaphone,* seu jornal interno, publicou artigos jornalísticos sobre a Aids em cinco edições diferentes. O Canal 3M exibiu, em edições diferentes, três reportagens sobre o assunto. A cartilha foi criada para reforçar os conceitos expressos no vídeo. O cartaz colocado em todas as áreas da empresa repetia os mesmos conceitos divulgados no vídeo e na cartilha. O material em vídeo – o videojornal e o vídeo "3M x Aids" – chegou até as famílias dos trabalhadores pelo sistema de empréstimo criado pela videoteca da empresa.

Uma outra campanha de comunicação interna de prevenção à Aids que ganhou grande interesse da sociedade foi criada, em 1988, pela General Motors do Brasil. Dentro das atividades de uma semana de prevenção a acidentes de trabalho, a GM veiculou uma publicação especial, o jornal *Vida-Aids,* com o objetivo de prevenir e orientar os seus trabalhadores e suas famílias na luta contra a Aids. Os 50 mil exemplares do jornal não foram suficientes para atender aos pedidos de associações, escolas, igrejas e outras empresas que solicitavam o *Vida-Aids* para os seus alunos, adeptos e funcionários. A GM, a partir dessa inesperada demanda, resolveu imprimir mais 192 mil exemplares.

Dando seqüência à campanha, a GM veiculou pela Rede Bandeirantes de Televisão, em abril de 1989, o vídeo "Aids, o perigo cada vez mais perto", tendo como público os seus funcionários, familiares e a sociedade. Um debate com a participação de especialistas serviu para responder a perguntas de funcionários da empresa e do público em geral. Um público de quase 10 milhões de pessoas assistiu ao programa.

Em janeiro de 1990, a GM encartou nos dezoito maiores jornais brasileiros o *Vida-Aids,* totalizando, até então, uma tiragem de 3.265.000 exemplares. "O jornal *Vida-Aids* tinha uma linguagem extremamente popular, de fácil compreensão. A enorme procura pelo jornal mostrou a carência, que existia na época, desse tipo de informação. A iniciativa da GM praticamente 'destampou uma verdadeira panela de pressão'", lembra a editora da publicação, Valda Carrara De Capua.

A Freios Vargas, de Limeira, interior de São Paulo, desenvolveu, em julho de 1990, uma campanha de comunicação interna com o objetivo de aumentar a segurança no trânsito da fábrica. Dentro da Vargas, mais de 3 mil pedestres circulavam juntamente com um grande número de automóveis, caminhões, tratores e empilhadeiras, favorecendo com isso situações de acidente. A campanha de comunicação criou uma série de cartões para serem colocados nos retrovisores dos carros circulantes pela empresa. Os cartões, um para cada dia da semana, foram ilustrados com charges bem-humoradas de situações de trânsito, mais o *slogan* principal da campanha impresso em todos eles: A PREFERÊNCIA É DO PEDESTRE. O tema Segurança no Trânsito Interno ocupou, também, as outras mídias internas: os quadros de avisos, o jornal O *Freio* e o boletim interno *Vargas.*

No início de 1994, os trabalhadores da fábrica de Santo André das Tintas Coral começaram a trocar idéias sobre as condições visuais dos prédios da fábrica e concluíram que "tudo estava muito cinza". Inicialmente alguém pergunta: "Afinal de contas, nós fabricamos e comercializamos o quê?". A resposta óbvia seria: tintas. Mas a criatividade e o envolvimento dos trabalhadores da Coral mudou o conceito: "O nosso produto se chama beleza!". A partir dessa descoberta, times de trabalho, em forma de mutirão, foram "embelezando" as paredes da fábrica. A idéia tornou-se um projeto de comunicação interna que envolveu diretores e trabalhadores, recebeu o nome de Cor Coral e se estendeu às demais unidades da empresa.

O coordenador de pós-graduação em Comunicação Empresarial da Escola Superior de Propaganda e Marketing, Amauri Beleza Marchese, vê na atitude dos trabalhadores da Coral a superação de um dos problemas mais sérios da comunicação empresarial: "aquele que imagina que a empresa deve refletir duas imagens: a interna e a externa. Isso equivale ao erro de se imaginar que a sala de visita de uma casa não tem nada a ver com o banheiro social. Ambos os cômodos, pertencendo a um sistema, não podem prescindir de harmonia".

Na IBM do Brasil, a queda de interesse dos funcionários pelos círculos de qualidade levou, em 1989, ao lançamento da campanha de comunicação interna "Quem planta boas idéias brilha no Círculo". O objetivo principal da campanha era estimular a formação de novos círculos de qualidade. Para iniciar o processo de comunicação, criou-se um cartaz com a frase "Plante suas idéias no Círculo". Duas malas-diretas feitas com saquinhos de sementes que simbolizavam as idéias a serem plantadas e uma pasta para guardar o material da campanha foram enviadas.

Na etapa seguinte, brindes-incentivo, tematicamente amarrados ao tema da campanha, foram remetidos aos gerentes da empresa e aos líderes dos círculos de qualidade. Os gerentes receberam saquinhos de adubo e os líderes, regadores. Os textos que seguiam junto aos brindes mostravam que a participação dos gerentes e dos líderes ajudavam a germinar as idéias (as sementes) tal qual o adubo e a água.

Amarrando as ações da campanha, foram enviadas plantinhas a todos os participantes dos círculos. As plantas se transformaram num motivo de orgulho para os trabalhadores que aderiram aos círculos de qualidade. Depois dos primeiros quinze dias, a campanha sustentou a motivação dos funcionários por meio da criação de dois pôsteres com os nomes dos integrantes dos novos círculos de qualidade e uma nova mala direta foi enviada aos outros funcionários, lembrando que "ainda há tempo de plantar". Nos quadros de aviso da empresa, durante todo o programa, foi afixado um boletim com notícias do Círculo de qualidade. O resultado da campanha foi o envolvimento de mais de quinhentos funcionários que, formando 130 círculos de qualidade, apresentaram inúmeros projetos a serem implantados no dia-a-dia da empresa.

A comunicação do Banco Bamerindus faz questão de definir de maneira clara aos seus funcionários as diferenças e os objetivos das suas diversas publicações internas. As publicações que têm o objetivo de informar os funcionários estritamente sobre o desempenho empresarial do banco, o lançamento e características dos seus produtos, entre outras notícias operacionais, trazem, com destaque, uma tarja com a palavra "empresa". "Isso para diferenciar o tipo de mensagem dessas publicações daquelas que têm como objetivo básico colocar as notícias dos funcionários. Ou seja, aquelas que mostram o 'outro lado do funcionário': ele como cidadão, como pai, como esportista, que é o caso do jornal dos funcionários *Espalhafato"*, explica Glaci Gottardello, do Bamerindus.

Para as notícias operacionais da empresa, o Bamerindus desenvolveu uma interessante cultura de jornais murais. Eles são os murais "Ponto de Encontro" e "Esse Bamerindus". O "Ponto de Encontro" sempre leva aos funcionários as notícias de produtos. O "Esse Bamerindus" noticia as ações de comunicação de marketing. "As pesquisas para verificar como nossa comunicação chega aos nossos funcionários mostraram que muitas das nossas campanhas de propaganda nas grandes revistas, rádio e televisão simplesmente não eram vistas por eles. Por questões como a falta de acesso às grandes revistas e jornais e até falta do hábito de leitura. Para suprir essa lacuna criamos um jornal mural específico que detalha, um a um, os nossos comerciais de televisão, os nossos anúncios em revistas, *out-door...",* complementa Glaci.

Em 1993, a Xerox do Brasil ganhou o Prêmio Nacional da Qualidade. Isso foi possível graças ao programa Estratégia de Liderança através da Qualidade, iniciado na empresa em 1984. A base do programa é a idéia de que a melhoria contínua da qualidade da empresa está nas mãos de cada funcionário. Uma das ações para conscientizar os funcionários foi a criação do verbo "clientar". O "clientar" passou a ser usado pelos 5,5 mil trabalhadores da Xerox em quase todas as suas atividades.

O "estado de espírito" voltado para a satisfação do cliente tem sido mantido pelas mídias internas da empresa, constituído por um boletim semanal dirigido a todos os funcionários, uma revista voltada apenas aos funcionários das áreas técnicas, jornais regionais e uma revista institucional, que levam sistematicamente aos funcionários todo o tipo de informação sobre as atividades da Xerox, incluindo matérias sobre a questão da qualidade.

A comunicação direta entre funcionários de diferentes níveis hierárquicos é reforçada pelos programas de treinamento, reuniões do dia-a-dia e convenções anuais que privilegiam a qualidade. Os resultados positivos que a Xerox e outras empresas conseguiram em seu desempenho só foram possíveis graças às responsabilidades que cada trabalhador assimilou através da comunicação interna e assumiu com as metas da empresa.

Como você vê, existem diversas maneiras de atingir o público interno das empresas, com os mais diferentes objetivos. Em cada caso concreto, cabe ao estrategista de comunicação estabelecer os fins e verificar qual a melhor maneira de atingi-los. O fato é que se torna inconcebível a idéia de uma empresa que se comunica muito "para fora" (por meio da publicidade, eventos, assessoria de imprensa etc), mas não olha para o seu próprio umbigo. Se o trabalhador não conhece a empresa na qual trabalha e não sabe qual a filosofia que a anima, torna-se difícil estabelecer metas e passar para os consumidores e a sociedade a imagem que se deseja.

CONSUMIDORES À BEIRA DE UM ATAQUE DE NERVOS

Tem muita empresa fazendo bonito quando os seus consumidores ficam –, por algum motivo relacionado com os seus produtos e serviços – à beira de um ataque de nervos. Há pouco tempo, a TAM, por ordem pessoal do seu presidente, Rolim Adolfo Amaro – que pode ser visto mais a zanzar em meio aos seus passageiros do que em seu escritório –, ordenou, sob o protesto de seus diretores, que um jatinho executivo Cessna Citation levantasse vôo levando um único passageiro, que ficara irritado com o atraso de um dos aviões de carreira da companhia. O presidente da TAM, que normalmente manda estender tapetes vermelhos na entrada dos seus aviões para os passageiros que sobem e descem, estaria ficando louco queimando combustível de avião sem fazer as contas?

Se você respondeu que ele está no seu mais perfeito juízo, você está certo. Embora o exemplo do passageiro irritado seja extremo, o presidente da empresa alada com certeza sabe que é mais caro ganhar o coração de um novo cliente do que manter um cliente satisfeito. Bem atendido e fiel aos produtos e serviços da empresa, o consumidor se transforma em mais um excelente "vendedor" da TAM. A cena contrária à descrita seria o passageiro literalmente esmurrando o chão, maldizendo o avião e a companhia aérea. Provavelmente contabilizando aos brados para os outros passageiros da sala de espera os prejuízos devidos à reunião perdida. Ou ainda abrindo processo contra a empresa, escrevendo para os jornais, acionando o Procon etc. Enfim, provocando uma monumental pane na imagem de uma empresa cujo presidente adora distribuir pessoalmente, no lugar das aeromoças, balinhas e confeitos para os seus passageiros.

Do exemplo aéreo você pode concluir que a TAM, além de aviões, tem também um verdadeiro presidente. O que, para o cliente, já é uma diferença mercadológica em relação às outras companhias aéreas. E o mais importante: um presidente abrindo canais de comunicação diretos com os seus clientes e, principalmente, resolvendo problemas. O que estes fatos gerados pela agressiva comunicação de seu presidente podem acarretar de benefícios para a empresa?

Primeiro, uma infinidade de informações que saem da boca dos clientes e trazem uma avaliação dos serviços e produtos. Segundo, a possibilidade de, a partir desses dados, fazer correções, melhorar serviços e antever mudanças, tanto no mercado quanto no comportamento dos clientes. Terceiro, ser estimulado pelo questionamento, ao vivo e em cores, da clientela a inovar e lançar novos produtos, entre outras coisas.

Como você está vendo, as empresas estão indo, de diversas maneiras, aonde os clientes estão. Se elas pudessem, inventariam uma forma mágica de estarem grudadas em cada consumidor, medindo a sua satisfação, melhorando instantaneamente os seus produtos, fazendo a entrega sem atrasos e – porque, infelizmente, às vezes as coisas quebram, estragam ou param de funcionar – promovendo a assistência técnica e viabilizando a reposição. Como não existe varinha de condão, as empresas criaram formas práticas e relativamente rápidas de estarem em contato com os seus consumidores. Duas delas são mais conhecidas: o *ombudsman* e os serviços de atendimento ao consumidor.

Ombudsman. Não se assuste com esta palavra esquisita que, de origem sueca, significa simplesmente *aquele que representa*. É a pessoa paga pela empresa para defender e representar, dentro da própria empresa, os interesses dos consumidores. No Brasil, pioneiramente, a *Folha de S. Paulo,* a partir de 1989, nomeou o seu *ombudsman* para representar dentro do jornal, com estabilidade de um ano, os interesses dos leitores. Esta iniciativa foi acompanhada por uma série de empresas, como, por exemplo, o Banco Nacional e os supermercados Pão de Açúcar. Vera Giangrande, *ombudsman* do Pão de Açúcar, diz que a autoridade, a independência e a agilidade são as armas que este representante possui para defender os consumidores dentro da empresa.

Uma outra forma de as empresas se manterem sempre a par das reclamações e necessidades de seus consumidores é por meio do Serviço de Atendimento ao Consumidor (SAC). O primeiro contato que você tem com o SAC de uma empresa é pelo número de telefone impresso nas embalagens dos produtos, geralmente com acesso gratuito dado pelo prefixo 0800. Mais um endereço ou caixa postal da empresa, também, para serem acessados pelo consumidor. Tanto o *ombudsman* quanto os SACs contam com estruturas que acionam, a partir das reclamações (informações) dos consumidores, as outras áreas da empresa para que o solicitante seja atendido. Veja que, em tempos de concorrência acirrada, o importante não é só vender, mas ter uma comunicação que mantenha o consumidor satisfeito. Ou, como os marqueteiros gostam de dizer, ter um consumidor fiel à empresa.

É, para manter essa fidelidade do consumidor, as empresas investem pesado, tal qual o presidente da TAM: queimam muito combustível e montam casas com dezenas de atendentes. A Continental, uma empresa fabricante de eletrodomésticos, entre eles fogões e microondas, tem um casarão nos Jardins, bairro de São Paulo, para atender aos seus consumidores, além de oferecer requintados cursos de culinária.

Você deve estar se perguntando que tipo de reclamações, até xingamentos, as empresas estão recebendo nesses grandes ouvidos que são os *ombudsman* e os SACs. Como é tratado cada problema, cada questionamento, cada dado que chega. Se as empresas mais que depressa anotam tudo, passam as mãos na cabeça do consumidor, pedem desculpas e depois varrem tudo para debaixo do tapete. E que tipos de problemas estão chegando.

Os consumidores de um determinado produto são mais do que simplesmente consumidores. Além de consumir eles têm princípios e valores que devem ser respeitados pela comunicação da empresa. Um caso célebre de desrespeito a esses valores – e que já dura mais de duas décadas – foi o comercial de televisão dos cigarros Vila Rica, em que o jogador tricampeão de futebol, Gerson, dizia que era Importante levar vantagem em tudo o que se faz. O cigarro Vila Rica saiu da telinha, mas a frase acabou virando tese universitária.

Atualmente, um grande número de empresas faz uma espécie de medicina preventiva para evitar que a sua comunicação, principalmente a propaganda, desagrade aos consumidores e a sociedade. A prevenção é feita por intermédio de pesquisas. Grupos de consumidores assistem aos comerciais de televisão; suas reações e opiniões são analisadas e levadas em conta. O que você pensa que uma mãe vai achar de um comercial em que uma criança com as roupas imundas entra dentro de uma máquina de lavar roupa para brincar? Ou ainda de um outro em que, utilizando-se de belíssimas toalhas de banho, uma outra criança constrói uma asa delta e sai voando pela janela do seu apartamento?

Você quer mais exemplos? O Conselho Nacional de Auto-Regulamentação Publicitária (Conar) que cuida da regulamentação da propaganda no país, tem puxado a orelha de empresas que veiculam anúncios como o da Companhia Brasileira de Cartuchos (CBC), fabricante de armas, que mostrava a foto de uma espingarda acompanhada do *slogan* "A legítima defesa do seu lar". O SAC da Colgate-Palmolive abateu um comercial em plena veiculação porque os seus consumidores sentiram no ar o cheiro de propaganda enganosa. Ninguém gosta de surpresas desagradáveis e, assim, a Gessy Lever ouviu a sugestão dos seus consumidores para mudar a cor do seu fio dental um metro antes de ele acabar.

A *Folha de S. Paulo* publicou em seu manual de redação um guia de palavras "politicamente corretas". Conhecer o que o guia chama de "as palavras certas" é uma excelente maneira de não colocar a comunicação da empresa no meio de uma grande fogueira. Fica claro, ali, que ninguém mais gosta de se ver exposto a brincadeiras com a sua sexualidade, origem, cor da pele, opção política ou deficiência física. A Johnson & Johnson organizou um manual para orientar a sua propaganda frente à realidade criada por consumidores que, além de consumidores, são cidadãos.

O que você faz quando liga para uma empresa querendo comprar e o deixam pendurado no telefone? Procura outra empresa, que o trate melhor. A Asea Brown Boveri (ABB) descobriu que, das 10 mil ligações diárias recebidas por suas unidades de Osasco e Guarulhos, mais de 6 mil se perdiam. Esta descoberta levou a empresa a "queimar combustível" num programa de reeducação de seus trabalhadores, com o objetivo de desobstruir este importantíssimo canal de comunicação com os consumidores e a sociedade. As empresas estão aprendendo que, tão importante quanto aparecer bem, é saber escutar e interpretar o que os consumidores estão tentando lhes falar. Ainda que eles estejam à beira de um ataque de nervos.

QUANDO A EMPRESA É VERDE

A sociedade moderna descobriu as coisas ruins do progresso. Entre elas está a degradação do meio ambiente, representada pelo impacto da atividade industrial sobre os elementos arquetípicos: o ar, a água, o fogo e a terra. O que a atividade industrial está fazendo com esses elementos é uma questão de sobrevivência da humanidade que extrapola as classes sociais, as diferenças étnicas e as barreiras culturais.

É por essa importância que a comunicação que as empresas fazem sobre o seu relacionamento com o meio ambiente é algo que deve sempre estar ao alcance das mãos, dos olhos e de todos os sentidos da sociedade. Principalmente dos chamados públicos formadores de opinião: a imprensa, a intelectualidade, os políticos, as Organizações Não-Governamentais (ONGs), os empresários, entre outros. Esses públicos especiais têm a capacidade de informar e mobilizar toda a sociedade. Por isso, é fundamental que eles sejam sempre informados corretamente pela comunicação ecológica das empresas.

Dentro desses públicos especiais estão as ONGs. Muitas delas surgiram para atuar em áreas em que os governos se mostraram incapazes e desinteressados. O surgimento e o crescimento das ONGs se deu, principalmente, nos anos 70.

No Brasil, em 1994, quase metade delas atuava na área da ecologia. O Greenpeace – a maior ONG do mundo, com escritórios em 29 países e 5 milhões de associados – atua no Brasil desde 1992. Outro dado sobre esse público mostra que quase 90% dos membros das ONGs brasileiras concluíram um curso universitário. Ou seja, além de militantes, as ONGs são formadas por um público com todas as condições de influenciar e formar opinião.

No Brasil, como no resto do mundo, as ONGs e as pessoas preocupadas com a questão ecológica foram, respectivamente, formadas e influenciadas por nomes que se transformaram em verdadeiros ícones da tragédia ecológica: Minamata, Seveso, Novossibirsk, Three Mile Island, Vila Socó/Cubatão, Bhopal e desastre do Exxon/ Valdez. Em todas estas tragédias personagens industriais foram responsabilizados.

Minamata: Em 1953, no Japão, a Chiso, uma indústria de plásticos, despejou o seu esgoto industrial diretamente na baía de Minamata. Os peixes da região, contaminados com o mercúrio da Chiso, envenenaram milhares de pessoas, causando a morte de 150 e lesões cerebrais em 3.700 delas.

Seveso: Em 1976, em Seveso, na Itália, uma nuvem de dioxina escapou de uma indústria química, a Icmesa, provocando a retirada de setecentos moradores com lesões na pele e o aborto, autorizado pelo governo italiano, de mais de cem mulheres que inalaram a substância – elas corriam o risco de gerar bebês defeituosos.

Novossibirsk: Em 1979, na Sibéria, na cidade de Novossibirsk, o rompimento de uma válvula de segurança deixou escapar, de uma fábrica de produtos químicos, uma nuvem de gás tóxico. A nuvem cobriu a cidade por vários dias, matando asfixiadas mais de trezentas pessoas e queimando, gravemente, outras centenas.

Three Mile Island: Em 1979, nos Estados Unidos, um reator atômico avariado da usina de Three Mile Island descarregou no ar gás radiativo e provocou a retirada de 300 mil pessoas de suas casas. Foi a maior evacuação populacional da história americana.

Vila Socó: Em 1984, Vila Socó, Cubatão, Brasil, um duto da Petrobrás deixou vazar gasolina, provocando um incêndio que matou 93 pessoas e a devastação de toda a favela.

Bhopal: No mesmo ano, em Bhopal, índia, a Union Carbide, uma das maiores indústrias químicas do mundo, com fábricas em quase quarenta países (no Brasil, está em Cubatão-SP) e patrimônio beirando os 10 bilhões de dólares, descarregou no ar 25 mil toneladas de isocianato de metila – gás letal –, provocando a morte de 3.400 pessoas. Uma das maiores tragédias industriais da história da humanidade.

Exxon/Valdez: Em 1989, um navio superpetroleiro, o *Valdez,* a serviço da Exxon, se arrebentou nas costas do Alasca, deixando escapar 260 mil barris de petróleo, imergindo em óleo praticamente toda a fauna da região.

A gravidade dos acidentes descritos e um cotidiano de milhares de atividades industriais potencialmente perigosas tornam a sociedade e, principalmente, os públicos envolvidos e mobilizados com a ecologia altamente sensíveis a qualquer movimento das empresas. A construção de uma nova unidade industrial não é mais saudada por ser geradora de mais empregos e mais impostos no bolso do governo. As pessoas querem saber se foram feitos estudos de impacto ambiental, se o consumo de água para as novas atividades industriais não vão esgotar com os mananciais de água da região, que tipo de lixo industrial vai ser gerado e como será o tratamento do esgoto despejado, que tipo de gás vai ser jogado na atmosfera, e assim por diante.

O que era um simples anúncio, festivamente saudado, pode, se não estiver ancorado em um plano de comunicação empresarial embasado em todos os aspectos que envolvem um projeto, transformar-se numa guerra com os formadores de opinião – ONGs, imprensa, militantes ecológicos, entre outros – e a sociedade que se pensava beneficiar.

O McDonald's, em 1991, patrocinou um Glossário Ecológico, com o significado de palavras de A a Z relacionadas com a questão ecológica. O Glossário foi encartado na *Revista Imprensa,* uma publicação direcionada para jornalistas e comunicadores, considerados formadores de opinião. Num dos textos deste Glossário, o McDonald's estabelecia uma série de compromissos com o meio ambiente. Entre eles, o de selecionar fornecedores de carne bovina que não participassem da destruição de florestas tropicais. Para bom entendedor, isso significava, na época, que o McDonald's não compraria carne daquelas empresas que derrubaram florestas em estados da Amazônia para transformá-las em áreas de pastagens.

Em outros pontos do texto, a cadeia internacional de *fast-food* prometia adotar materiais reutilizáveis sem comprometer os padrões de qualidade, higiene e segurança; buscar novas tecnologias visando a utilização de matérias-primas adequadas ao meio ambiente; aumentar os investimentos em programas de reciclagem; manter a liderança na utilização de papéis reciclados; aperfeiçoar medidas que visem o uso racional de recursos energéticos; orientar funcionários, colaboradores, fornecedores e a comunidade, buscando práticas corretas de integração com o meio ambiente.

No mesmo sentido, a Goodyear publicou, em 1994, uma cartilha de educação ambiental direcionada aos filhos de seus funcionários. Temas como os recursos energéticos, minerais e os da biodiversidade foram analisados para as crianças em linguagem acessível e objetiva. A questão da preservação da biodiversidade era explicada assim: "As plantas e os animais são a grande enciclopédia da raça humana. Pesquisando plantas e animais, o homem descobriu remédios, tecidos, alimentos, produtos para beleza e aprendeu até mesmo a voar. A cura de muitas doenças está na natureza, esperando ser descoberta pelos cientistas".

O QUE É COMUNICAÇÃO EMPRESARIAL

A cartilha de educação ambiental da Goodyear trazia, também, um pequeno "ABC da Ecologia", que explicava termos como cadeia alimentar, ecossistema, mata ciliar, poluição e reciclagem industrial, entre outros. Uma parte da cartilha ensinava, passo a passo, como o pequeno leitor poderia, junto a outros amiguinhos, criar uma entidade ambientalista, uma ONG. Um dos passos para a criação da ONG era "definir qual vai ser o motivo do trabalho qual a causa ambientalista. Pode ser a limpeza de sua rua, coleta de material reciclável do seu bairro, proteção de animais ou plantas de sua região. O nome do grupo pode identificar a causa".

A comunicação empresarial da Goodyear voltada para divulgar ações de educação ambiental desenvolvidas pela empresa esclarece também a seus funcionários que, nas fábricas do Belenzinho, na cidade de São Paulo, e de Americana, interior de São Paulo, participam ativamente dos programas de redução do consumo de eletricidade e de combustível. Esses programas visam reduzir a emissão de poluentes para a atmosfera. Nas fábricas e no escritório central, as ações de comunicação interna motivaram os funcionários para a coleta seletiva de lixo, com o objetivo de reciclar papéis, plásticos, lixo orgânico e latas.

As empresas situadas na bacia do rio Piracicaba, estado de São Paulo – que tem a sua capacidade de fornecimento de água para as populações das cidades vizinhas e, conseqüentemente, para seus distritos industriais praticamente esgotada –, divulgam os seus esforços na preservação de água e no tratamento dos esgotos. A Goodyear, em Americana, implantou um sistema de tratamento das águas de seu esgoto.

Essa ação ambiental estimula uma justa ação de comunicação da empresa, que mostra à sociedade que a água que é devolvida ao rio Piracicaba volta mais pura do que a que foi captada naquele rio. A GM, que tem uma fábrica em Piracicaba e outras em São Caetano do Sul e São José dos Campos, também destaca, em suas publicações, dentro do que chama de sua "consciência verde", seus sistemas de tratamento de efluentes que devolvem, não só à bacia do Piracicaba, mas, também, às bacias do Paraíba do Sul e do Tietê, águas em condições limpas.

É no rio Tietê que as empresas, através da sua comunicação, tentam mostrar o seu empenho verde. A Klabin, que investiu, até o final de 1994, 120 milhões de dólares em ações de conservação ambiental, e a Siderúrgica Anhanguera, empresa do Grupo Villares, equiparam suas instalações com usinas de tratamento de efluentes. Fato que já estimulou os setores de comunicação a divulgarem o bordão de que estão devolvendo para o Tietê águas mais limpas do que as que captaram nele.

Essas empresas sabem que com água não se brinca. Despejar esgoto nos rios é como jogar lama nas próprias imagens. Na década de 70, os habitantes da bacia do Paranapanema impediram, por anos, a construção de uma indústria de papel e celulose nas margens do rio. A mesma preocupação começa a se organizar nos movimentos de salvação do rio Paraíba do Sul, que fornece água para cidades como São José dos Campos e Rio de Janeiro. É motivo de orgulho trabalhar numa empresa que preserva os recursos ambientais, uma empresa que a sociedade começa a reconhecer como "limpa".

Empresa "limpa" *versus* empresa "suja". Estar no campo "limpo" ou no campo "sujo" começa a significar mais ou menos mercado. No desastre do Exxon/Valdez, a Exxon gastou 1 bilhão de dólares para limpar o mar do Alasca e a sua imagem. Dentro desses esforços, anunciou uma gasolina ecológica que causa danos menores à natureza. No Brasil, a Petrobrás, envolta em inúmeros vazamentos em terminais marítimos, como o de São Sebastião, no litoral de São Paulo, anuncia a inauguração nas cidades de São Paulo e do Rio de Janeiro de postos ecológicos para a venda de combustível e um projeto para salvar a arara amarela brasileira.

A forma como as empresas se relacionam com a água, com o ar e com a terra é uma grande frente de batalha da comunicação empresarial. Ao mesmo tempo que as empresas compram espaços nas redes de televisão e rádio e na grande imprensa para mostrar aos consumidores e aos formadores de opinião o seu lado "limpo", elas desenvolvem internamente programas que capacitem os seus trabalhadores a terem um posicionamento ecologicamente correto.

Uma empresa do Grupo Santista contratou o cientista Roberto Muylaert Tinoco para montar dentro de uma área verde, onde pretendia construir torres de apartamentos, um centro de pesquisas e reprodução de borboletas para, a partir dali, repovoar a cidade de São Paulo com espécimes há muito desaparecidas do perímetro urbano. Para o seu público interno, constituído de mestres e ajudantes de obras, pedreiros e tratoristas, ministrou-se palestras para fazê-los se relacionar melhor com a vegetação e todo o tipo de animal existente numa das últimas áreas verdes de São Paulo. Formadores de opinião (autoridades, ecologistas e jornalistas) receberam entre o material de divulgação um *video-release* de divulgação onde eram entrevistados diretores da empresa, engenheiros, arquitetos, paisagistas e cientistas envolvidos no projeto.

As iniciativas ecológicas empresariais têm, também, avançado Mata Atlântica adentro. A atividade das indústrias químicas e de siderurgia instaladas em Cubatão levou à total degradação da serra do Mar vizinha. A serra, na década de 80, quase toda desmatada, ameaçava, à primeira chuva, desabar sobre as indústrias, causando um desastre ecológico sem precedentes. Um programa de despoluição do ar, assumido por todas as empresas ali sediadas para minimizar o problema da chuva ácida e melhorar o ar respirado pelos trabalhadores das fábricas e pela população de Cubatão, tirou da cidade a faixa de "Cidade mais poluída do Mundo".

Embaixo da sua logomarca, a GM do Brasil tem usado a frase EM PAZ COM A NATUREZA. Esse *slogan* tem como objetivo chamar a atenção da sociedade para a filosofia que a empresa assumiu em relação às questões ecológicas. Um exemplo disso é o acordo que a GM assinou, em 1994, com a The Nature Conservancy (TNC), uma das mais importantes entidades ambientalistas dos Estados Unidos.

Dentro desse acordo, está a Campanha de Conservação Brasil Verde, que tem como foco a Mata Atlântica, o Pantanal, o Cerrado e a Amazônia.

A Campanha Brasil Verde é coordenada pela TNC, que trabalha em conjunto com diversos organismos ambientalistas envolvidos na preservação desses ecossistemas brasileiros. O acordo com a TNC prevê a doação pela GM de veículos e equipamentos especiais para o trabalho de preservação ambiental. O esforço preservacionista da GM chega em várias frentes: nas fábricas, a emissão de gases e partículas poluentes é, mediante equipamentos e controle rigoroso, reduzido a quase nada; nos veículos entregues ao consumidor, os modernos sistemas de injeção eletrônica diminuem a zero a poluição emitida.

A pressão sobre as empresas, no sentido de torná-las cada vez mais "limpas", faz-se presente nas concorrências internacionais, onde a forma como elas se relacionam com o meio ambiente é um dado de extrema importância para os consumidores. A indústria do atum do Equador sentiu o boicote dos consumidores norte-americanos indignados com a matança de golfinhos, que não conseguiam escapar das redes dos pesqueiros equatorianos. A solução foi colocar, junto com as redes para atuns, gaiolas especiais de ferro por onde os golfinhos pudessem escapar.

Em São Paulo, a Nitroquímica, empresa do Grupo Votorantim, criou um programa educacional com vídeos produzidos na G-TEC, ex-Globotec, para treinar os motoristas de caminhões transportadores de produtos químicos perigosos na prevenção de acidentes com as suas cargas.

As indústrias de calçados de Franca, em São Paulo, tremeram com a possibilidade de perder o mercado norte-americano, estimado em mais de 1 bilhão de dólares anuais, em vista das denúncias de que elas estavam se utilizando em condições inadequadas da mão-de-obra infantil brasileira.

Outra pressão está vindo pela exigência nas concorrências internacionais dos certificados verdes ISO-14000. Nesses certificados, a qualidade final das empresas passa também pelos procedimentos que visam a preservação e o respeito pela natureza. O cumprimento das exigências do novo selo de qualidade reforça a necessidade da comunicação empresarial eficiente, principalmente com os trabalhadores e com os fornecedores.

Uma dessas exigências praticamente implanta dentro das empresas programas de comunicação que mantenham os trabalhadores e fornecedores constantemente atualizados sobre técnicas de produção que garantam a preservação ambiental. A Aracruz Celulose, do Espírito Santo, teve questionado, por parte de alguns dos seus clientes europeus, o seu processo de branqueamento de celulose por causa da utilização do gás cloro. Para não perder esses clientes, a Aracruz investiu 100 milhões de dólares em treinamento e novos equipamentos.

A simbologia e os ícones para reconhecimento imediato por parte do consumidor fazem as empresas estamparem em suas embalagens o símbolo do que é reciclável. O vidro contra o plástico, o papel reciclável *versus* o papel-alvura, a palavra biodegradável bem exposta em meio a elementos químicos de difícil pronúncia. Dentro das empresas, batalhões de empregados vão aprendendo a transformar o seu ambiente de trabalho em sinônimo de qualidade de vida. Um exemplo disso vem de Blumenau: lá muitas operárias da Hering ostentam, como brasões, sobre as suas máquinas, delicados vasos de plantas.

LOBBY É PALAVRÃO?

Lobby é uma palavra que estimula a imaginação de jornalistas que vivem atrás de escândalos e furos jornalísticos. Principalmente depois das CPIs do PC Farias, do *impeachment* do presidente Collor e da CPI das Empreiteiras ou, oficialmente, do Orçamento.

Nesses acontecimentos todos, o *lobby* apareceu de forma sinistra, acusado de fazer amigos nos governos e influenciar pessoas com poder de levantar milhões e milhões de dólares para, no caso das empreiteiras, construir obras superfaturadas, às vezes fictícias, e com dinheiro de sobra para premiar com propinas deputados e senadores. E, ainda, com lances e assassinatos capazes de tirar Agatha Christie do túmulo com o seu caderninho de anotações nas mãos.

Agatha Christie não precisaria investigar muito: bastaria dar uma olhada no Relatório Final da CPI do Orçamento para ter suas primeiras pistas sobre a relação incestuosa entre empresas e governo. Agatha, com a sua origem britânica, não iria ter dificuldade em ver que as grandes empreiteiras e muitos empresários confundiram *lobby* com corrupção pura. Por essa confusão e por outras, *lobby,* em nosso país, se transformou em sinônimo de palavrão, de atividade perigosa, promíscua e desonesta.

Na realidade, *lobby* é uma palavra inglesa que quer dizer "saguão". O *lobby* do qual vamos falar aqui significa "grupo organizado de interesse e de pressão". A palavra com esse significado tem sua origem no fato de que muitos ingleses se aglomeravam no saguão *(lobby)* do Parlamento, no século XVII, para aguardar, pressionar e fiscalizar as votações das questões que lhes interessavam. Em Brasília, os lobistas que mais lembram os históricos ingleses que deram origem ao termo são aqueles que se manifestam nas galerias do plenário Ulysses Guimarães, nos gramados em frente aos prédios do Congresso, no saguão verde do plenário ou nos corredores das comissões de trabalho da Câmara e do Senado.

Assim, sindicalistas, trabalhadores de macacão ou engravatados, empresários, grupos de empresas, estudantes, minorias etc. constituem-se em grupos de interesse e vão a Brasília pressionar o Congresso. Ou aos saguões da Assembléia Legislativa do seu estado, da Câmara Municipal, podendo ser considerados, sem medo de estarem sendo xingados, lobistas.

As empresas, assim como as pessoas, possuem interesses legítimos que devem ser defendidos perante as instituições pertencentes a qualquer um dos poderes do país.

As empresas, como qualquer pessoa, podem pressionar legitimamente quem faz as leis e quem as executa. O que elas não podem fazer é corromper e dar propinas em nome dos seus interesses.

Os interesses, a forma como as empresas pressionam e se relacionam com os governos e as instituições governamentais devem ser minuciosamente informados à sociedade. Este é o papel da comunicação da empresa. Em estado de plantão, a comunicação da empresa deve ter em suas mãos, detalhadamente, quais são os projetos da empresa e todos os seus impactos de ordem econômica, social, política e também ecológica.

A comunicação da empresa deve mostrar à sociedade e aos formadores de opinião a pressão "politicamente correta", feita sobre aqueles que, momentaneamente, podem estar contra os projetos da empresa. Politicamente correta quer dizer atividade exercida de forma ética e transparente. A transparência é dada por uma comunicação a que qualquer pessoa pode ter acesso e entender.

A falta de ética e de transparência dos *lobbies* empresariais tem custado caro para a imagem das empresas. Está fartamente documentado nos arquivos das revistas e jornais o tráfico de favores entre empresas e autoridades. O material arquivado mostra que o *lobby escuso* das empresas é feito mediante presentes dados a autoridades, políticos e assessores nas mais diversas formas: caronas em jatinhos, viagens pagas ao exterior, contas em restaurantes.

A Associação Nacional dos Fabricantes de Veículos Automotores (Anfavea) reuniu por anos, em almoços em

São Paulo, as quatrocentas secretárias mais importantes de Brasília. A imagem da Construtora Norberto Odebrecht foi corroída nos episódios da CPI do Orçamento. Este fato acabou prejudicando a empresa, detentora de alta tecnologia em várias áreas da engenharia, excelentes recursos humanos e invejável patrimônio, em seus negócios no Brasil e no exterior. Esse prejuízo na imagem empresarial acabou gerando uma campanha de comunicação a favor da educação brasileira, patrocinada pela Odebrecht, e onde ela, por sua vez, mostrava o seu lado de empresa-cidadã.

Problemas na relação empresas – governos – políticos não é um atributo brasileiro. O governo dos Estados Unidos, preocupado em evitar que empresas de origem norte-americana se envolvessem em escândalos com governos estrangeiros, criou leis e punições severas para esses casos. Uma delas, a Lei de Práticas Corruptas no Exterior, de 1977, pune a empresa envolvida em ilícitos no estrangeiro com multas de até 2 milhões de dólares, além de prisão, por até cinco anos, dos seus principais diretores (independente de o crime ter sido julgado ou não no pais onde foi cometido). Na Itália, a Operação "Mãos Limpas" conseguiu apurar o envolvimento em lobismo ilegal de inúmeros políticos, tais como o líder do Partido Socialista italiano, Bettino Craxi, além de denunciar e colocar na cadeia megaempresários italianos.

O lobismo ilegal envolvendo empresas, governos e políticos é um negócio que envolve muito dinheiro transformado em propinas. É calculado em 300 milhões de dólares o valor que 450 empresas norte-americanas gastaram, na década de 70, em práticas ilícitas. Além de subornos, propinas, presentes, é célebre o envolvimento da ITT americana na derrubada do governo chileno, legalmente eleito, de Salvador Allende.

No Brasil, o lobismo mostrava as suas garras e os seus dentes já nos tempos em que era colônia portuguesa. Dona Maria, a Louca, proibiu a existência, pressionada por interesses ingleses, das emergentes fundições de Minas Gerais. A Coca-Cola só entrou no Brasil a partir de decreto assinado por Getúlio Vargas, em 31 de outubro de 1939, que modificava o uso de aditivos químicos em refrigerantes. Nos Estados Unidos, a força do refrigerante se fazia sentir nos brindes oficiais do presidente Dwight Eisenhower. Nas solenidades, banquetes e recepções, Eisenhower, que também era acionista da empresa, trocava a solene champanhe por Coca-Cola.

O *lobby,* dentro das regras éticas, é reconhecidamente legítimo e necessário. Por isso, ocupa parte importante da comunicação das empresas: aquela que é destinada a falar com os governos, políticos e formadores de opinião. O histórico Plano de Comunicação Social da Rhodia, de 1985, já chamava a atenção sobre as relações governamentais da empresa: "O Brasil da Nova República é diferente daquele em que bastava o empresário ter acesso a um ministro para abrir todas as portas. Ao governo monolítico do período 1964-1984 contrapõe-se uma administração de coligação partidária, que envolve interesses conflitantes".

Esses interesses conflitantes, citados pela Rhodia, manifestam-se não só entre partidos políticos, mas, também, no meio empresarial. Isso fica claro na reação às medidas tomadas para integrar o mercado brasileiro aos mercados internacionais. Novas leis, impostos menores para facilitar as importações têm dividido as opiniões do empresariado. Grupos se organizam e batem nos gabinetes governamentais, uns pedindo para fechar o mercado nacional e outros para abrir mais.

O governo ouve quem? Por sua vez, como a sociedade – aí incluídos os formadores de opinião – deve ser informada dessas pressões? Como as empresas e as entidades empresariais devem pressionar? São questões pertinentes à boa comunicação empresarial e com certeza fariam os fantasmas dos fundadores da Federação das Indústrias do Estado de São Paulo (FIESP) – o conde Francisco Matarazzo, Roberto Simonsen, Jorge Street, entre outros – convocarem intermináveis reuniões com Maquiavel de Florença. Para arbitrar as questões envolvendo os empresários e os seus interesses, a FIESP aprovou um novo regimento interno que propõe ate um *ombudsman* para, se for preciso, criticar em nome dos associados os seus dirigentes.

Uma das principais acusações que se fez a PC Farias o tesoureiro do candidato Fernando Collor, é que ele recebeu doações de campanha de empresas e de empresários. O seu carrasco no processo do *impeachment,* o deputado Ibsen Pinheiro, foi guilhotinado, um ano após a decapitação de Collor, exatamente por não explicar a origem em suas contas bancárias do que ele chamou de "sobras de campanha".

Numa evolução da lei que regulamenta as campanhas políticas brasileiras, a campanha de 1984 já permitia a doação legal de recursos das empresas para os candidatos. De forma legal e contabilizada, os bancos e as empreiteiras doaram 11 milhões dos 34 milhões de reais arrecadados pelo comitê financeiro da campanha de Fernando Henrique Cardoso. As regras cumpridas pelos setores empresariais produzem informações de acesso público que arejam as relações destas empresas com o governo eleito.

As relações das empresas e das suas representações, historicamente, também se dão nos saguões *(lobbies)*, nos corredores e gabinetes dos prédios do Congresso Nacional, em Brasília. Uma piada brasiliense diz que quem circula pelo Congresso e não tem o broche institucional de deputado ou senador, crachá de assessor, jornalista ou da Associação Brasileira das Emissoras de Rádio e Televisão (Abert) é lobista.

Como você viu, existem lobistas e lobistas. Ou seja, pressões lícitas e ilícitas. Para que seja separado o "joio do trigo", existem algumas propostas de parlamentares. O vice-presidente da República Marco Maciel, quando era ainda senador, propôs que lobistas atuando no Congresso fossem credenciados pelo próprio Congresso e que circulassem identificados com crachás. Além disso deveriam apresentar, duas vezes por ano, relatórios com suas despesas e com detalhes de suas operações. O deputado José Genoíno (PT-SP) propôs legalizar os grupos de interesses e de pressão, os *lobbies.* Em contrapartida, os *lobbies* teriam que ter visibilidade, representatividade e dizer quem e o que representam.

A sociedade e os formadores de opinião, entre eles o jornalista denunciador, não são contra a comunicação da empresa com governos e políticos. O que eles exigem das empresas e das suas representações é que essas ações de comunicação empresarial sejam feitas dentro da lei, da moral e da ética. Fora disso, o *lobby* vai continuar sendo palavrão.

UM CASO QUE ERA DE POLÍCIA

Fazer a comunicação empresarial por meio da assessoria de comunicação da polícia militar ou do exército não tem se mostrado um bom negócio para ninguém. Essa forma truculenta de se fazer comunicação tem, no Brasil, exemplos históricos. Um deles começa com a infeliz frase que o presidente Washington Luís, montado em seus bigodões, pronunciou: "A questão social deve ser tratada como caso de polícia". Mais recentemente, na Siderúrgica Nacional de Volta Redonda, o espírito de WL baixou e, para debelar uma greve, fez alguns mortos. Resultado, a opinião pública não gostou e um dos efeitos desse desagrado foi a votação que elegeu, em 1988, a prefeita Luiza Erundina (PT-SP) na cidade de São Paulo. Uma frase da banda de rock Titãs resume bem o que talvez se deva pensar sobre a questão: "Polícia pra quem precisa de polícia".

Reivindicações trabalhistas, inclusive as greves, desde que cumpridas algumas limitações, são um direito constitucional. E é assim que a comunicação empresarial deve encarar. As empresas não podem, com tantas frentes de batalhas para enfrentar e vencer, criar uma profunda cisão com os seus principais parceiros: os trabalhadores. Uma cisão que vai se refletir, por exemplo, na frente de batalha pela qualidade, na frente de batalha pela preservação do meio ambiente (ou frente ecológica), na frente que atende os consumidores, na frente que promove o relacionamento da empresa com parlamentares e governos (muitos deles pertencentes ao Partido dos Trabalhadores, à Social Democracia, aos Partidos Comunistas, entre outros).

Os exemplos são para você ver como as empresas não estão ilhadas na sociedade. As questões internas, principalmente sociais, acabam se transformando em questões de toda a sociedade. Mal conduzidas, se voltam, como num efeito bumerangue, contra os esforços competitivos da empresa e principalmente contra a imagem empresarial.

Como os jornais internos da empresa, os boletins eletrônicos (videojornais), os comunicados oficiais devem tratar crises por que passa, num determinado momento, uma empresa? Por exemplo, as mídias internas devem abrir espaço para a discussão de reivindicações salariais, questões que envolvem segurança e higiene do trabalho? Devem discutir um grande trauma pelo qual a empresa passou (uma tragédia em linha de produção) ou vai passar (fechamento de fábrica, demissões em massa etc.)? Falar ou não falar, eis a questão. Será que a regra deve ser "o que é bom a gente fatura, o que é ruim a gente esconde"?

O certo é que, quando as mídias empresariais internas escondem, "varrem para debaixo do tapete" os problemas "internos" da empresa, eles aparecem noticiados, discutidos, nas mídias externas à empresa, entre elas as mídias sindicais. Uma pesquisa feita, em 1994, pela Hemeroteca Sindical Brasileira levantou, só no estado de São Paulo, 423 publicações sindicais. Elas totalizavam uma tiragem mensal de 13.353.088 exemplares. No levantamento, foram excluídas as publicações eventuais, tais como boletins de greve e volantes.

As questões "internas" das empresas ocupam, também, os espaços pagos pelos sindicatos dentro da grande imprensa na forma de comerciais de televisão e comunicados impressos nos jornais e revistas. O país começa, também, a ver o surgimento da propaganda sindical, mediante o uso dos *outdoors* e de anúncios de página inteira veiculando mensagens sindicais na grande imprensa.

O vácuo de comunicação deixado pelas empresas que não tratam profissionalmente as suas crises internas é ocupado pela comunicação profissional dos sindicatos e das centrais sindicais. Isto significa um profundo dano para a imagem da empresa e para os seus dirigentes. Para os veículos de comunicação interna, significa uma perda irreparável nos aspectos de credibilidade e independência. Isso pelo fato de que essas questões, com toda a certeza, terão um tratamento unilateral, até porque a empresa não faz a discussão dos seus problemas por intermédio das suas mídias internas.

Outro aspecto que envolve a questão é a agilidade com que as centrais e os sindicatos tratam todos os aspectos da crise. As suas visões dos fatos são passadas rapidamente para os formadores de opinião. O seu *lobby* junto aos governos e parlamentares flui, nesses casos, sem muitos obstáculos.

Não é difícil notar que os trabalhadores têm acesso a diversos sistemas de mídia, entre os quais os de comunicação empresarial. Então, o trabalhador vai ter acesso, por meio desses sistemas de mídia, às mais diversas informações, interpretações e opiniões sobre os problemas que pode estar atravessando a empresa onde trabalha ou seu setor econômico. Quando a comunicação da empresa foge da discussão de uma crise interna, a idéia que pode ficar é que as mídias internas estão sendo censuradas. E não têm nenhuma independência. O trabalhador, ao confrontar o jornal da sua empresa ou o seu videojornal com o jornal do sindicato ou carro de som que está na porta da fábrica – e com todo tipo de comunicação direta que surge nessas horas –, vai acreditar em quem? A idéia de que a comunicação interna é manipulada fica extremamente fortalecida nessas horas.

O impasse na comunicação interna é uma hipótese cada vez mais remota quando ela se abre à participação interna dos funcionários. Ou seja, ela é dirigida pelos especialistas em comunicação – os relações-públicas, os jornalistas, os publicitários, os marqueteiros – que abrem as pautas, espaços de reportagem, de opinião e de crítica aos trabalhadores.

A 3M do Brasil produziu durante anos um videojornal – o Canal 3M – que procurava se abrir à participação dos trabalhadores da empresa. Ainda assim, o videojornal da

3M era duramente combatido pela mídia sindical. "A exemplo do Canal 3M, verdadeira máquina de lavagem cerebral, os quadros de avisos não têm nenhuma participação dos funcionários", dizia a *Unidade Química,* jornal sindical dos trabalhadores das indústrias químicas da região de Campinas, em fevereiro de 1988.

Outro exemplo desse combate de mídias foi tirado do *Tribuna Metalúrgica,* jornal dos metalúrgicos de São Bernardo do Campo e Diadema, que ao comentar o videojornal da TRW dizia: "(...) a TRW está querendo, isto sim, fazer uma lavagem cerebral nos trabalhadores. Mas o trabalhador não é bobo (...) Portanto a TRW não deve esperar que o trabalhador encare o seu videojornal com seriedade. O máximo que pode acontecer é o trabalhador assistir o programa como se assiste o programa da Xuxa: na base da brincadeira".

O posicionamento da comunicação empresarial em relação às crises e aos grandes traumas, que podem acontecer em qualquer lugar, deve ser discutido em todos os setores da empresa. Essa discussão pode levar à criação de um manual da empresa para a comunicação interna que estabeleça, entre os dirigentes e trabalhadores, um pacto com compromissos públicos de se preservar a credibilidade e a independência dos meios de comunicação interna.

Outro ponto a ser explorado é a criação do *ombudsman* interno para atuar em todas as questões que envolvam os recursos humanos da empresa. Afinal as empresas, para a implantação de programas que envolvem as suas qualidades e as suas reengenharias, não estabelecem verdadeiros pactos sociais entre todos os envolvidos? Não deve ser diferente, então, o processo: para preservar a comunicação com os funcionários.

O estabelecimento de um "manual de procedimentos para a comunicação empresarial" de um *ombudsman* interno com certeza tensionaria a imprensa sindical a abrir os seus procedimentos internos com o objetivo, também, de preservar a sua credibilidade e independência.

EMPRESA BOA, EMPRESÁRIO RUIM

Como você já percebeu, as empresas fazem um esforço gigantesco para ter uma boa imagem institucional – aquilo que chamamos de "a mãe de todas as imagens". Elas se preocupam com a qualidade dos seus produtos, investem em comunicação interna e externa, tomam o cuidado de não agredir o verde, (algumas) procuram fazer um *lobby* transparente, e assim por diante. É por isso que as grandes empresas, quando fazem uma comunicação empresarial eficiente e reagem de modo apropriado às crises, conseguem ser conhecidas e ter uma boa imagem.

Para os responsáveis pela comunicação de uma empresa, não existe algo melhor do que ela freqüentar a pesquisa "Top of Mind". Essa pesquisa mede, regularmente, quais são as marcas mais lembradas pelos consumidores numa série de produtos. No Brasil, o Datafolha é quem faz e divulga esse tipo de levantamento. Então, pergunta-se

O QUE É COMUNICAÇÃO EMPRESARIAL

ao entrevistado: qual a primeira marca de cerveja que lhe vem à cabeça? E de sabão em pó? E de sabonete? E por aí vai. Normalmente, é claro, as marcas mais lembradas são aquelas com a imagem melhor e mais sedimentada junto ao público consumidor. Geralmente, as marcas e os produtos mais lembrados são também aqueles que têm o maior segmento de mercado.

Muitas vezes, a marca de determinado produto passa a valer mais do que as próprias fábricas, equipamentos e bens das empresas. Consultores especializados estimam que somente a marca "Coca-Cola" valha o equivalente a 35,9 bilhões de dólares. Alguns gigantes internacionais que estão começando a atuar no Brasil – a Wall Mart, por exemplo – deverão iniciar um trabalho de construção de imagem para sedimentar seus produtos na mente dos brasileiros. No mundo moderno, quem descuida da imagem é um grande candidato a colher fracassos, ao invés de lucros.

Data de setembro de 1994 a mais recente pesquisa "Top of Mind". Na tabela I, vamos indicar a posição de algumas marcas. No cômputo geral – quando se pergunta ao entrevistado "qual a primeira marca que lhe vem à cabeça", sem especificar o produto – venceram a Coca-Cola e o sabão em pó Omo. Acompanhe como estão as empresas nas mentes dos brasileiros, ou seja, aquelas duas que são mais lembradas espontaneamente em função do segmento de mercado em que cada uma atua (o número entre parênteses indica a porcentagem de consumidores que citaram espontaneamente a marca).

Em 1990, o *Financial Times,* influente jornal de Londres, divulgou uma pesquisa mundial para aferir qual era a

TABELA I
Marcas "Top of Mind"

SEGMENTO	PRIMEIRO LUGAR	SEGUNDO LUGAR
sabão em pó	Omo (85%)	Minerva (7%)
banco	Banco do Brasil (35%)	Bradesco (16%)
televisão	Philips (25%)	Philco/Hitachi (15%)
geladeira	Consul (53%)	Brastemp (19%)
sabonete	Lux (34%)	Gessy (15%)
carro	Gol (7%)	Monza (7%)
cerveja	Antartica (39%)	Brahma (33%)
margarina	Doriana (33%)	Primor (13%)

Fonte: Datafolha (pesquisa nacional-setembro de 1994).

marca internacionalmente comercializada mais conhecida do público. Como as empresas multinacionais operam numa série de países – existe McDonald's em Moscou e se toma Coca-Cola na China –, um levantamento desse tipo torna-se possível. Qual o resultado das duas marcas mais conhecidas do mundo? Coca-Cola e Sony, duas marcas que são indiscutivelmente fortes também aqui no Brasil.

Mas se as empresas, de um modo geral, têm uma boa imagem e se esforçam para ser (bem) lembradas, a imagem dos empresários, no Brasil, é muito ruim. É uma interessante dissociação: as empresas são boas, mas os empresários são ruins. Preocupados em saber por que esse fenômeno ocorre, a Confederação Nacional da Indústria (CNI), a Federação das Indústrias do Estado de São Paulo

(Fiesp) e a Bolsa de Valores do Estado de São Paulo (Bovespa) encomendaram uma série de pesquisas para verificar as causas dessa má avaliação.

Existem, basicamente, dois tipos de pesquisa. Um, com o qual você certamente está mais familiarizado, é a pesquisa quantitativa. Como o nome já diz, por meio dela é possível "quantificar" (ou mensurar) a opinião das pessoas. Os dados desses levantamentos vêm sempre expressos em números: fulano de tal tem 40% de índice de intenção de voto ou 45% dos entrevistados preferem determinada marca de automóvel. Essas pesquisas estão nos jornais e nas revistas quase todos os dias – e são cada vez mais utilizadas por empresas e outras instituições.

O segundo tipo de pesquisa é a pesquisa qualitativa, às vezes chamada também de motivacional. Esse tipo de pesquisa tem a função de identificar o porquê de o entrevistado preferir essa ou aquela marca, a razão de uma determinada empresa ter uma imagem ruim, ou ainda por que um determinado produto está associado aos jovens. Como você percebe, o campo de aplicação desse tipo de levantamento é muito vasto. E, assim como a pesquisa quantitativa, a qualitativa também é muito utilizada pelas empresas.

Pois bem: os empresários tinham em mãos as pesquisas quantitativas, que os colocavam com um dos menores índices de credibilidade do país. Quando se analisava uma lista de instituições e grupos sociais, os empresários vinham sempre lá embaixo em termos de confiabilidade, brigando com os políticos. Em todo levantamento desse tipo que já examinamos, lá estão, na rabeira da confiabilidade nacional, os empresários, os políticos e os partidos políticos. Para você ter uma idéia, listamos, na tabela II, a porcentagem do índice de credibilidade de cada instituição.

TABELA II

Confiabilidade de Grupos e Instituições (Em %)

GRUPO OU INSTITUIÇÃO	CONFIA	NÃO CONFIA	NÃO SABE/ NÃO OPINOU
Igreja católica	77	80	7
Sindicato dos trabalhadores	61	34	5
Justiça	53	43	4
Empresários	28	65	7
Políticos	15	82	4

Fonte: Ibope (pesquisa nacional-novembro de 1993).

Os dados quantitativos não eram muito animadores. Procurou-se, então, identificar quais as razões dessa imagem tão ruim. Fez-se uma pesquisa qualitativa, por intermédio de Grupos de Discussão (nos quais dez ou doze pessoas discutem livremente o tema auxiliadas por um moderador), para se verificar o porquê desse índice de confiabilidade tão baixo. Os estudos foram coordenados por Ney Figueiredo, diretor do Centro de Pesquisa, Análise e Comunicação (Cepac) e consultor de diversas entidades empresariais.

Optou-se por realizar a pesquisa com dois públicos. O primeiro público era de elite: foram convocados jornalistas, intelectuais e os próprios empresários para discutir o problema da imagem. Por que a imagem do empresário é tão ruim? Essa era a pergunta. Realizadas as discussões e feitas as análises adequadas, as principais explicações para o fenômeno foram as seguintes:

1. A imagem reflete o comportamento. Os empresários merecem a imagem que têm.

2. No Brasil, o lucro é visto como algo pecaminoso.

3. Os empresários não são sinceros (esse aspecto foi citado principalmente pelos jornalistas).

4. Não existe predisposição da imprensa em atacar os empresários. Mas os jornais, rádios e televisões têm que vender um produto que a sociedade consuma. Se o empresário inaugura uma escola em sua fábrica, a notícia não sai em lugar nenhum. Se a escola desaba, é notícia em todo lugar. Não é a imprensa que é assim; é o público que gosta disso.

5. Ataques freqüentes do governo ajudam a denegrir a imagem dos empresários. (Na época da realização da pesquisa (1991), Fernando Collor tinha como *hobby* atacar os empresários.)

6. As entidades de classe são vistas como instrumento de pressão.

7. A inflação (na época da pesquisa existia inflação alta) dificulta a sedimentação de uma imagem favorável. É difícil acreditar nos empresários se os preços sobem todo dia.

8. Os empresários se comunicam mal.

9. Os empresários não têm uma ação social – patrocinando Fundações, dando contribuições a escolas e Uni-

versidades, mantendo hospitais etc. – como a que existe, por exemplo, nos Estados Unidos.

Analisando esses resultados, uma coisa fica clara: as empresas têm uma imagem muito melhor do que a dos seus donos. Na verdade, as pessoas percebem a empresa como sendo algo mais do que o empresário. O empresário é somente ele, empresário, muitas vezes ostentando riqueza num país de grandes desigualdades sociais. Já a empresa não representa apenas o empresário – ou grupo de acionistas – que a possui. Ela é também o corpo de funcionários, as instalações, a marca, a imagem do produto e, cada vez mais, a sua imagem institucional.

Além do grupo de elite, a pesquisa coordenada por Ney Figueiredo procurou saber, também, qual a explicação da má imagem do empresário junto às classes C e D. A escolha desse público se deve a uma explicação simples: ele representa o grosso da nossa opinião pública – cerca de 75% dos brasileiros têm, no máximo, o primeiro grau. Isso significa que essas pessoas se informam preferencialmente pela mídia eletrônica e dificilmente lêem jornais ou revistas.

Mais uma vez, essas pessoas das classes C e D foram reunidas em Grupos de Discussão e, mediante o estímulo de um moderador, expuseram suas opiniões sobre o assunto. Como não poderia deixar de ser, mais uma vez a imagem do empresário apareceu como sendo muito ruim. Mas um aspecto interessante foi o seguinte: a má imagem do empresário está associada à idéia do grande empresário. O pequeno empresário – jornaleiro, o dono da mercearia, do bar etc. –, que está mais próximo do cidadão e compartilha com ele problemas mais ou menos comuns, é visto com simpatia.

Os participantes da discussão chamaram a atenção para a grande desigualdade social existente no Brasil. Ou seja, pessoas das classes C e D, que são humildes e vivem com alguma dificuldade, se revoltam ao ver o quanto os empresários lucram. Mas, se o empresário é malvisto, a iniciativa privada, de uma maneira geral, é reconhecida como produtiva, moderna, eficiente e fabricante de bons produtos. Mais uma vez, a boa imagem que se tem da iniciativa privada é transferida às empresas – e não aos empresários.

A imagem dos empresários é ruim, e eles não têm feito grandes esforços para melhorá-la. Tudo se passa como se eles preferissem cuidar da imagem individual de suas empresas a melhorar a imagem coletiva da classe. Mas o fato é que os empresários fazem coisas interessantes que poderiam ser melhor capitalizadas para reverter a imagem negativa. Eles financiam e administram, por exemplo, o complexo Serviço Social da Indústria (Sesi) – Serviço Nacional de Aprendizagem Industrial (Senai) e o Serviço Social do Comércio (Sesc) – Serviço Nacional de Aprendizagem Comercial (Senac). O Sesi-Senai e o Sesc–Senac prestam uma série de serviços aos industriários e aos comerciários na área social. Num país carente de recursos e com péssimos serviços públicos, isso não é pouco. Mas a população, em sua maioria, acredita que essas entidades pertençam ao Estado – e não à iniciativa privada.

Mas existem alguns esforços, realizados principalmente pela Fiesp, que de uns tempos para cá têm procurado associar sua imagem à de programas educativos, como o *Rá-Tim-Bum* (que recebeu prêmios internacionais), o *Mundo da Lua* e, mais recentemente, a reedição do *Telecurso,* em parceria com a Rede Globo. Ao agir assim, a Fiesp tenta se afastar da imagem de um grupo de pressão que realizava *lobby* não transparente apenas para a defesa de seus interesses mais imediatos. Trata-se de iniciativas interessantes, que ajudam a apagar um pouco da memória das pessoas aquela imagem do empresário gordo, vestindo *smoking,* que fuma charuto e ostenta um anel de brilhante no dedo.

Outra iniciativa de ação coletiva, com objetivo de reverter a má imagem e criar um ambiente favorável às suas idéias, foi empreendida pelo Grupo de Empresas Brasileiras de Capital Estrangeiro (GEBCE). Esse grupo, percebendo a imagem ruim que as multinacionais tinham no Brasil, resolveu agir. Primeiro, foi realizada uma ampla pesquisa, para aferir quais os principais problemas para as multinacionais no país. A partir daí, foi elaborado um plano, visando basicamente os formadores de opinião. O trabalho foi concebido e coordenado por José Rolim Valença e procurou, durante meses, estabelecer uma ponte entre os empresários do grupo e o público-alvo.

Nesse sentido, foi programada uma série de palestras, mostrando a contribuição social das multinacionais e as vantagens da abertura ao capital estrangeiro. As palestras eram realizadas pelos próprios empresários que estavam envolvidos no projeto. O público foi segmentado: existiam palestra feitas especialmente para militares, jornalistas, professores universitários etc. Os temas eram abrangentes: iam desde a revolução tecnológica até a soberania nacional. Com isso, foi possível aparar arestas e destruir uma série de mitos sobre o papel das empresas multinacionais em nosso país, entre um público que tem ascendência sobre outras pessoas (militares mandam, jornalistas escrevem, professores ensinam, e assim por diante).

Mas iniciativas como essas são muito raras. De modo geral, a ação coletiva dos empresários é uma coisa muito complicada. Já citamos, em capítulo anterior, que a Odebrecht desencadeou uma campanha na televisão para associar a imagem da empresa à preocupação com a educação. Isso porque, depois da CPI do Orçamento, a imagem da empresa ficou muito manchada. Mas os empreiteiros, de modo geral, não fizeram nenhuma ação coordenada que pudesse reverter aquele quadro, não se preocuparam com a imagem da classe como um todo: cada empresa achou de resolver seu problema individual (algumas, nem isso).

Para terminar, é preciso lembrar que, muitas vezes, existem verdadeiros casos de polícia envolvendo empresários. Esses casos geram uma grande repercussão na mídia e forçam uma generalização que não encontra amparo nos fatos. Ao atribuir a algumas pessoas a palavra "empresário" – "o empresário fulano de tal foi preso" –, sem dúvida os jornais, rádios e televisões prendem a atenção do leitor, ouvinte ou espectador e, muitas vezes, forçam a barra. PC Farias, por exemplo, era considerado empresário, embora sua ação, durante o governo Collor, não tivesse nada a ver com a atividade empresarial propriamente dita.

Realizamos, certa vez, uma espécie de "Top of Mind" dos empresários. Em pesquisa nacional, pedimos aos entrevistados que dissessem, espontaneamente, o nome de três empresários que eles mais conheciam. O mais lembrado obteve menos de 4%. Talvez essa lembrança pequena seja reflexo da própria exposição na mídia – muito menor do que a dos produtos – e também pela falta de cuidado com a qual os empresários, como grupo, tratam a questão. Seria importante que se desse mais atenção ao problema, mesmo porque os empresários são imprescindíveis ao desenvolvimento. Se todos confiassem mais naqueles que investem e correm riscos (que são a maioria), é provável que a confiança na livre iniciativa fosse maior em nosso país.

INDICAÇÕES PARA LEITURA

A bibliografia voltada especificamente para a comunicação empresarial é extremamente restrita. Por isso, além de alguns livros, recomendamos, para aqueles que querem se aprofundar no assunto, a leitura de revistas que, de alguma forma, discutem a comunicação das empresas. Os livros e publicações recomendados são:

– Roberto Muylaert. *Marketing cultural & comunicação dirigida,* São Paulo, Globo, 1993. Escrito em linguagem clara, revela em detalhes como se faz o *marketing* cultural, incluindo a organização de eventos.

Entre os exemplos citados na obra se destaca a experiência de Muylaert no comando da reformulação radical da TV Cultura de São Paulo. O livro detalha também as leis de incentivos fiscais: Lei Mendonça e Lei Rouanet.

– Francisco Gaudêncio Torquato do Rego. *Comunicação empresarial/Comunicação institucional,* São Paulo,

Summus Editorial, 1986. É um trabalho pioneiro e interessante que mostra a comunicação como um poder dentro das empresas. O autor analisa esse poder como um sistema e mostra como ele se organiza de forma integrada.

– Walter Nori e Célia Valente. *Portas abertas,* São Paulo, Best Seller, 1990. Este é um trabalho fundamental porque detalha o processo, entre 1982 e 1988, que levou a Rhodia brasileira a mudanças empresariais profundas. A Rhodia com isso reposicionou a sua comunicação, transformando-a em paradigma dentro da comunicação empresarial brasileira. A experiência da Rhodia comandada por Walter Nori praticamente questionou tudo o que se fazia em comunicação empresarial até então.

– Roger Cahen. *Tudo que seus gurus não lhe contaram sobre comunicação empresarial,* São Paulo, Best Seller, 1990. É um livro que discute a comunicação empresarial de uma forma irreverente e bem-humorada. O autor procurou, a partir da sua experiência profissional, mostrar a comunicação empresarial como uma ferramenta fundamental para o *marketing.*

– Vera Dias. *Como virar notícia – e não se arrepender no dia seguinte,* Rio de Janeiro, Objetiva, 1994.

– Maria Lenilde Plá de Leon. *Empresa x Imprensa – uma relação produtiva,* São Paulo, IOB, 1992.

Os livros de Vera Dias e Maria Lenilde aprofundam a discussão de como as empresas podem orientar corretamente a sua relação com a imprensa se afastando do famoso "não temos nada a declarar". Além de orientar o leitor sobre os erros capitais, gafes, que podem ser cometidos no dia-a-dia com os jornalistas.

– Charles Wright R. *Comunicación de masas,* México, Editorial Paidós, 1988. Este é um livro fundamental, que apresenta os conceitos básicos da comunicação de massa, tais como a natureza do seu público, da experiência dessa comunicação e do comunicador. Estes conceitos são básicos também para caracterizar a comunicação empresarial e a sua relação com a comunicação de massa.

– Norberto Odebrecht. *Tecnologia empresarial Odebrecht,* Salvador, Odebrecht, 1987. Neste livro, um dos maiores empresários brasileiros esboça detalhadamente a filosofia e os valores que norteiam a ação do seu grupo empresarial.

– Carlos Brickmann. *A vida é um palanque,* São Paulo, Globo, 1994. Livro escrito numa linguagem bem-humorada. Num dos capítulos o autor descreve, mediante exemplos que vivenciou, a conflituosa relação entre fontes e veículos de comunicação.

– Ney Figueiredo e outros. *Ouvindo o Brasil,* São Paulo, Editora Sumaré, 1994.

– *Revista Comunicação Empresarial.* São Paulo, Associação Brasileira de Comunicação Empresarial (Aberje). Esta revista trimestral publica artigos que detalham as principais ações e projetos de comunicação empresarial do período da edição. Notas e a opinião de profissionais do setor completam a revista.

– *Relações Públicas.* Publicação anual do Conselho Regional dos Profissionais de Relações Públicas-SP (CONRERP/SP). É uma publicação anual que traz a opinião de profissionais da área, além de trazer os trabalhos de relações-públicas premiados no ano pelo Prêmio Opinião Pública (o principal prêmio da área).

– *PRÊMIO ECO*. Publicação anual da Associação Nacional das Câmaras Americanas de Comércio no Brasil, São Paulo. Esta publicação traz os programas de ação social da iniciativa privada que se destacaram no ano.

– *Novo Manual de Redação*, São Paulo, *Folha de S.Paulo*, 1992. Este manual traz as normas e recomendações básicas que orientam o trabalho da *Folha de S.Paulo*. O manual da *Folha* é o primeiro trabalho do gênero publicado no Brasil. Posteriormente, vários jornais brasileiros publicaram os seus manuais; entre eles se destacam os dos jornais *O Estado de S. Paulo*, *O Globo* e *Zero Hora* (de Porto Alegre).

SOBRE OS AUTORES

Paulo Nassar – Publicitário e jornalista. É bacharel em Comunicação Social pela Pontifícia Universidade Católica de São Paulo. Foi diretor de Marketing e Projetos Especiais da Usina Press, empresa que inovou a linguagem de videocomunicação voltada para públicos segmentados. Na Usina Press participou, entre outros, dos projetos e da produção dos videojornais da 3M do Brasil, da TRW (ganhadores do Prêmio Aberje e Comtexto). Foi diretor da Divisão de Projetos Especiais da Globotec e um dos responsáveis pela formatação de centenas de produtos voltados para a comunicação segmentada que fizeram a empresa ser uma das premiadas pelo Marketing Best de 1989. Ainda na Globotec, conceituou e implantou, em parceria com Walter Nori, na época na Hill and Knowlton, o projeto *midiatraining,* que preparava executivos e autoridades para o contato correto com a imprensa. Foi diretor de videocomunicação da produtora JPO e Diretor de Marketing e Projetos Especiais da TV Jovem Pan em São Paulo. Foi diretor da Associação Paulista de Teleprodutores Independentes (APTI) e um dos vice-presidentes da Sociedade Brasileira de Engenharia de Televisão (SET). É um dos autores, juntamente com Francisco Weffort, Ney Lima Figueiredo, Bóris Casoy,

Carlos Brickmann, entre outros, do livro A *conquista do voto* (Brasiliense, 1994), organizado por Rubens Figueiredo e Mauro Malin. É autor dos livros *Alfabeto sem lição* (poesia, Edições Pindaíba, 1982), *Ventonovo* (poesia, Cooperativa de Escritores, 1976), *Cara a Cara* (poesia, 1977), *Tempos* (poesia, 1978). Integra a antologia *Poesia jovem – Anos 70*, da coleção Literatura Comentada da Editora Abril (1982).

Rubens Figueiredo – Sociólogo com pós-graduação em Ciência Política pela Universidade de São Paulo (USP). É diretor do Centro de Pesquisa, Análise e Comunicação (Cepac), uma empresa especializada em pesquisa e em consultoria de comunicação. Trabalhou, durante onze anos, na Assessoria de Comunicação Social da Fiesp. Fez estágio nas principais Centrais Patronais na França, Espanha e Inglaterra. É integrante do Centro de Estudos de Opinião Pública (CESOP), vinculado à Universidade Estadual de Campinas (Unicamp) e professor da Universidade Bandeirantes de São Paulo. Escreveu, em parceria com Fernando Henrique Cardoso, o *paper* "Reconciling capitalists with democracy: the Brazilian case". É autor de O *que é marketing político* (Brasiliense, 1994). Organizou, juntamente com Mauro Malin, o livro A *conquista do voto: como agem os especialistas nas campanhas eleitorais* (Brasiliense, 1994). É co-autor de outros cinco volumes: *Como ganhar uma eleição* (Cultura, 1990); *Ouvindo o Brasil – Uma análise da opinião pública brasileira hoje* (Sumaré/IRS, 1992); *Voto é marketing... o resto é política* (Loyola, 1992); *Empresários e modernização econômica; Brasil anos 90* (UFSC/Idacon, 1992); As *constituições brasileiras: análise histórica e propostas de mudanças* (Brasiliense, 1993).